중세·근대 초
# 서양 기독교 세계는 왜 분열되었을까?

민음 지식의 정원 서양사편

007

# 서양 기독교 세계는 왜 분열되었을까?

황대현

민음인

머리말  서양 기독교 세계는 왜 분열되었을까?  7

1  기독교 세계가 처음 분열된 것은 언제일까?  11

2  동방 정교회는 왜 서방 교회와 갈라섰을까?  23
동방 정교회의 특징은 무엇일까?
동방 정교회와 서방 교회의 분열은 어떻게 진행되었을까?

3  16세기 종교 개혁은 왜 독일에서
처음 일어났을까?  45
16세기 초 독일의 상황은 어떠했을까?
루터가 시작한 독일 종교 개혁은 어떻게 진행되었을까?

| 4 | **개신교는 왜 여러 교파로 나뉘게 되었을까?** | 69 |

츠빙글리가 시작한 종교 개혁은 어떻게 진행되었을까?
칼뱅의 종교 개혁은 어떻게 진행되었을까?
재세례파란 무엇일까?
성공회(영국 국교회)란 무엇일까?

| 5 | **가톨릭교회는 종교 개혁에 어떻게 대응했을까?** | 103 |

| 6 | **16~17세기 종교 전쟁은 왜 일어났을까?** | 113 |

프랑스의 종교 전쟁은 어떻게 일어났을까?
독일의 종교 전쟁은 어떻게 일어났을까?

| 맺음말 | **기독교 세계의 분열이 남긴 것은 무엇일까?** | 135 |
| | 연표 | 139 |
| | 더 읽어 볼 책들 | 141 |

### 일러두기

**'비잔티움 제국(Byzantine Empire)'이라는 명칭에 대하여**

국립 국어원에서는 Byzantine Empire를 '비잔틴 제국'으로 번역하고 있다. 여기서 'Byzantine'은 '비잔티움의'라는 뜻을 지닌 형용사이다. 'Roman Empire'에서 형용사 Roman이 Rome(로마)라는 고유명사에서 유래한 것처럼 Byzantine 역시 Byzantium이란 단어에서 유래했다. 그런데 Roman Empire를 번역할 때 형용사 발음 그대로 로만 제국이라고 읽지 않고 로마 제국이라고 하는 것처럼 Byzantine Empire 역시 비잔티움 제국으로 읽어야 한다. 또 현재 서양사학계에서도 점차 비잔티움 제국이라는 표현이 정착되어 가는 추세이고 중·고등학교 교과서에서도 대부분 비잔티움 제국으로 쓰고 있기 때문에 이 책에서도 비잔티움 제국이라는 명칭을 사용하였다.

머리말
# 서양 기독교 세계는 왜 분열되었을까?

　서양, 특히 유럽의 오래된 도시들을 방문해 보면 거의 예외 없이 도심 한가운데에 우뚝 서 있는 교회 건물을 볼 수 있다. 도시의 스카이라인을 특징짓는 위풍당당한 교회 건물은 서구 문명에 기독교가 미친 영향이 얼마나 지대했는가를 보여 주는 단적인 사례이다. 기독교가 서양 사회에 미친 결정적인 영향을 엿볼 수 있는 또 다른 지표로는 각국의 전통적인 명절이나 공휴일을 들 수 있다. 손쉬운 예로 성탄절은 우리의 설날과 추석에 버금가는 기독교 문명권의 최대 명절로서 온 가족이 함께 모여 즐거운 시간을 보내는 날로 잘 알려져 있다. 그런데 이 명절들을 서로 비교해 보면 한 가지 흥미로운 현상을 발견하게 된다. 즉 성탄절, 부활절 같은 주요 절기를 제외한다면 기독교와 관련된 각국의 명절(공휴일)이 나라마다 조금씩 다르다는 것이다. 예컨대 스페인이나 이탈리아 같은 나라들은 성모 승천 축일(8월 15일)과 만성절(萬聖節, All Saints' Day, 11월 1일로 교회력에 특정한 축일이 지정되어 있지 않은 모든 성인을 기념하는 날이다.)이 법정 공휴일이지만 영국이나 네덜란드에서는 이날이 공휴일이 아니다. 심지어 한 나라 안에서도 지역마다 공휴일이 다른 경우도 있어 북부 독일의 일부 주(州)에서는 10월 31일을 종교 개혁 기념일로 지정해 관공서가 문을 닫지만 남부 독일 지역에서는 이날이 여느 때와 다름없는 평일이다.

이렇게 나라와 지역에 따라 기독교 관련 공휴일이 달라지는 것은 기독교가 하나의 단일한 조직으로 통일되어 있지 않은 현실과 밀접한 관련이 있다. 실제로 기독교는 수많은 종파로 나뉘어 있는데 그중에서 가장 큰 종파를 세 가지만 언급하자면 로마 가톨릭(천주교), 개신교, 동방 정교회(그리스 정교회)를 들 수 있다. 그런데 여기서 잠깐 개념 규정을 명확하게 하고 넘어갈 필요가 있다. 기독(基督)이라는 말은 원래 그리스도(Christ)를 중국인들이 음역한 단어로 기독교는 곧 그리스도교와 동의어라고 할 수 있다. 반면 우리의 일상생활에서는 기독교가 개신교와 같은 뜻으로 사용되는 경우가 적지 않고 국어사전 역시 이 두 가지 용례를 모두 다 인정하고 있는 실정이다. 하지만 필자는 이 책에서 약간의 혼란을 무릅쓰더라도 기독교라는 단어의 본래적인 의미를 강조하여 그리스도교와 동일한 의미에서 사용하고자 한다. 따라서 여기서 이야기하는 기독교 세계의 분열은 그리스도교의 분열을 말하는 것이지 개신교의 분열을 뜻하는 것이 아니라는 점을 명심해 주었으면 한다.

이 책은 2000년 전에 처음 출현한 기독교가 이후 역사에서 하나의 단일한 종교 공동체를 발전시키지 못하고 여러 차례 분열을 겪을 수밖에 없었던 이유와 그 분열 과정을 개괄적으로 살펴보는 것을 목적으로 하고 있다. 우리나라에서는 기독교 하면 보통 천주교와 개신교만을 떠올리는 것이 일반적이지만 천주교와 개신교 모두 서유럽 기독교 발전 과정의 산물이라는 점을 잊어서는 안 된다. 다시 말하자면 흔히 기독교의 분열을 이야기하면서 동방 정교회를 빠트리는 경우가 많은데, 이는 현재 동유럽을 중심으로 동방 정교회에 소속된 신자들의 수가 대략 3억 명을 헤아린다는 사실을 고려한다면 분명 문제가 있는 것이다. 더구나 서방 교회와 동방 교회의 분열은 천주교와 개신교의 분열보다 시기적으로 훨씬 앞서기 때문에 이 책에서는 동·서방 교회의 분열 과정부터 먼저 살펴보게 될 것이다. 하지만 동방 정교회의 경우 그간 우리나라에 미친 영향이 미미했기 때문에 이 책에서도 핵심적으로 다루는 부분은 아무래도 개신교가 가톨릭교회에서 분리되어 나오는 과정이 될 수밖에 없다. 과연 서양 기독교 세계는 어떤 이유로 통합을 유지하지 못하고 분열의 길을 걸어야만 했을까? 또 기독교 세계의 분열은 서양의 역사 전개 과정에 어떤 영향을 미쳤을까? 서양 기독교 세계의 분열을 우리는 어떤 시각으로 바라보아야 하는 것일까?

# 1

# 기독교 세계가 처음 분열된 것은 언제일까?

교회의 분열은 전쟁보다 더 나쁜 것이다.
— 콘스탄티누스 대제

보통 서양 기독교 세계의 분열을 이야기할 때 우리는 흔히 16세기 초에 일어난 종교 개혁(Reformation)을 떠올리기 쉽다. 실제로 종교 개혁을 다룬 서양사 관계 서적들을 살펴보면 종교 개혁의 결과를 설명한 부분에서 기독교 세계의 통일성의 파괴와 분열이란 내용을 쉽게 찾아볼 수 있다. 하지만 기독교 세계 전체를 놓고 보았을 때에는 말할 것도 없고 서양(유럽)으로만 한정했을 때에도 16세기의 종교 개혁은 결코 기독교가 최초로 분열된 시기가 아니었다. 그럼 기독교 세계가 처음 분열된 것은 언제일까?

사실 기독교 세계의 분열은 우리가 생각하는 것보다 훨씬 이른 시기, 즉 초기 기독교 시기부터 이미 시작되었다고 할 수 있다. 기독교 세계의 분열에 대해 알아보기에 앞서 우리는 먼저 서양에 기독교가 전파되고 확립되었던 과정을 간략하게

나마 살펴볼 필요가 있다. 『신약 성경』의 기록에 따르면 현재 이스라엘의 수도인 예루살렘에서 최초로 예수 그리스도를 구세주로 믿는 기독교인들의 공동체가 생겨났다. 처음에는 주로 유대인들이 주축을 이루고 있었던 기독교가 유럽으로 전파되는데 핵심적인 역할을 했던 사람은 '이방인의 사도'로 불린 바울(혹은 바울로)이었다. 그는 여러 차례의 전도 여행을 통해 터키, 그리스, 이탈리아 지역에 기독교를 전파했고 각처에서 교회를 세우는데 힘쓰다가 결국 로마에서 순교했다.

바울이 기독교를 전파하던 당시 남부 유럽을 포함하여 전 지중해 지역은 로마 제국의 통치를 받고 있었다. 로마의 황제들은 다양하고 이질적인 지역들을 포함한 광대한 제국을 통치하기 위해서는 사람들을 정신적으로 하나로 묶어 줄 통일된 이데올로기가 필요하다고 생각했고 그것을 황제 숭배에서 찾았다. 하지만 기독교인들은 황제를 주(主, Lord)로 부를 것을 강요하는 로마 당국의 압력에 굴복하지 않았고 이런 비타협적인 태도로 말미암아 로마 제국의 통합을 저해하는 위험한 집단으로 간주되어 많은 박해를 받았다. 게다가 기독교를 공인한 콘스탄티누스 대제(Constantinus I, 272?~337)[1] 이전 시기의 초기 기독교인들은 전쟁터에서 사람을 죽이는 것에 대해 종종 부정적인 인식을 갖고 있었다. 이에 따라 기독교인으로 개종한 군인들이 무기를 드는 것을 정면으로 거부하는 사태가 심심치 않게 발생하곤 했다. 이러한 태도는 로마 당국으로 하여금 더욱더 기독교인들의 제국에 대한 충성심을 의심하도록 만들었고 결국 기독교인 박해를 정당화하는 결과를 가져왔다. 하지만 로마 당국의 박해로 순교자가 속출했음에도 불구하고 기독교인들은 굴하지 않고 교회 지도자(이들은 점차 비숍(bishop) 즉, 주교 혹은 감독으로 불리기 시작했다.)들을 중심으로 예배 공동체를 계속 유지할 수 있었고 교회는 오히려 성장을 거듭해 나갔다.

초기 기독교의 존립을 위협했던 적은 외부에만 있는 것이 아니었다. 내부에서 제기된 최초의 가장 심각한 위협은 1세기 말엽부터 대두한 영지주의(靈智主義, Gnosticism)로부터 나왔다. 영지주의라는 말은 원래 그리스 어로 비밀스러운 지식을 의미하는 '그노시스(gnosis)'로부터 유래한 말이나. 영지주의자들은 모든 물질세계를 타락의 산물인 동시에 악한 것으로 보고 인간의 영혼은 육체로부터 해방됨으로써만이 구원받을 수 있다고 생각했다. 영지주의의 영향을 받았던 기독교인들은

---

1) 로마 제국의 황제로 기독교를 공인했고 330년 제국의 수도를 콘스탄티노플(현재의 이스탄불)로 옮겼다.

그리스도를 구세주로 믿는다는 점에서는 일반 기독교인들과 별 차이가 없었다. 하지만 그들은 예수가 인간의 모습을 하고 이 땅에 나타났지만 실제로는 단지 영(靈)이었을 뿐이었다고 주장함으로써 성육신(成肉身, Incarnation)[2]을 부정했고 하느님이 태초에 세상을 창조했다는 것도 받아들이지 않았다. 이러한 영지주의를 이단으로 간주한 초대 교회는 신자들에게 세례를 베풀 때 훗날 '사도신경'으로 발전하게 될 신앙 고백을 요구했고, 성경 중에서 정경(正經, canon)[3]으로 인정할 수 있는 부분을 확립해 나갔다.

황제 숭배 거부로 로마 당국의 박해를 받았던 기독교는 콘스탄티누스 대제가 서기 313년 밀라노 칙령을 공포함으로써 마침내 신앙의 자유를 얻게 되었다. 그런데 당시 기독교는 단일한 교리를 갖고 있는 통일적인 신앙 공동체가 아니었고 신학적으로도 심각하게 분열된 양상을 보이고 있었다. 특히 이

---

[2] 하느님이 인간의 죄를 구원하기 위해 예수 그리스도의 모습으로 인간이 되었다는 기독교의 교리.

[3] 기독교에서 공식적으로 인정한 경전을 일컫는 말로 『신약 성경』의 경우에는 4세기 말에 27권이 교회 회의를 통해서 정경으로 인정되었다. 『구약 성경』의 경우 개신교 측에서는 본래 유대교에서 서기 90년에 확정지은 히브리 어 성경 39권만을 정경으로 받아들이는데 비해 가톨릭 측에서는 여기에다 그리스 어 성경인 소위 '70인역'을 포함시킨다. 히브리 어 성경에는 없고 70인역에만 있는 것을 흔히 '외경(外經)' 혹은 '제2경전'이라고 한다.

이집트의 알렉산드리아에서 벌어진 아리우스 논쟁은 로마 제국 내의 기독교인들을 혼란스럽게 만들었다. 이 도시의 성직자인 아리우스(Arius, 250?~336)는 예수 그리스도가 비록 모든 피조물 중에서 가장 높은 분이긴 하지만 여전히 피조물에 불과하다고 주장하면서 그리스도의 신성(神性)을 부정했다. 아리우스의 주장을 지지하는 사람들과 반대하는 사람들이 서로 첨예하게 대립하게 되자 교회의 분열이 결과적으로 제국의 통합을 저해할 위험이 있다고 판단한 콘스탄티누스 대제는 325년 니케아에서 첫 번째 공의회[4]를 개최하고 로마 제국 전역의 주교들을 소집하여 이 문제를 해결하고자 했다.

니케아 공의회에서 아리우스의 주장을 정면으로 반박했던 아타나시우스(Athanasius, 296?~373)[5]는 그리스도는 온전한 인간인 동시에 온전히 영원불변한 하느님이라고 주장했고 결국 교회 지도자들은 아리우스주의를 이단으로 성죄하고 하느님(성부)과 예수 그리스도(성자)가 동일한 본질을 지녔다고 결론지었다. 하지만 아리우스파는 패배를 인정하지 않았으

---

[4] 교회의 교리와 행정 등 여러 가지 중요한 문제를 결정짓기 위해서 열리는 교회 지도자들의 회의.

[5] 알렉산드리아의 주교. 아리우스주의를 반박하는 글들을 썼고 『신약 성경』 정경을 27권으로 규정한 최초의 인물.

며 특히 로마 제국의 동부 지역에서 아리우스주의는 상당 기간 살아남았고 더 나아가 제국 바깥에 살고 있는 게르만 족들에 대한 전도를 통해 그 생명력을 계속 유지해 나갔다. 한편, 381년 황제 테오도시우스 1세(Theodosius I, 347~395)[6]가 개최한 콘스탄티노플 공의회는 니케아의 결정 사항을 재확인하면서 여기에 성령에 관한 부분을 첨가함으로써 삼위일체 교리(Trinity)[7]를 최종적으로 확정짓는 것과 동시에 니케아 콘스탄티노플 신조(信條)[8]로 알려진 신앙 고백을 확립하게 되었다.

그러나 이후에도 신학 논쟁으로 인한 교회의 분열은 계속되었다. 395년 로마 제국이 동·서로 완전히 양분된 이후에 동로마 제국[9] 지역에서는 특히 그리스도 안의 신성과 인성(人性)의 관계를 둘러싸고 여러 논쟁이 벌어졌다. 이 논쟁들은 상당히 복잡해서 골치가 좀 아픈 것은 사실이지만 간단히 핵

---

6) 로마 제국의 황제로 기독교를 국교로 삼았고 그의 사후 로마 제국은 두 아들에 의해 동·서로 양분되었다.

7) 하느님은 성부, 성자, 성령의 세 위격을 가지고 있지만 하나의 실체라는 점에서 동일하다는 기독교의 핵심 교리.

8) 가톨릭교회, 동방 정교회, 개신교, 성공회 등의 교회들이 유일하게 다같이 수용하고 있는 기독교의 기본 신조.

9) 비잔티움 제국으로도 불리며 1453년 터키 인들에 의해 수도 콘스탄티노플이 함락당할 때까지 존속했다.

심만 정리해 보면 다음과 같다. 먼저 콘스탄티노플의 주교 네스토리우스(Nestorius, ?~451?)는 그리스도의 신성과 인성의 완전한 결합을 주장한 정통 견해와는 달리 그리스도의 신성과 인성을 엄격히 구분하면서 그리스도의 신적인 본질은 예수의 인간적 행동이나 고통과는 완전히 다른 별개의 것이라고 주장했다. 네스토리우스의 이러한 견해는 431년 에페소스 공의회에서 이단으로 정죄되었다. 제국에서 탄압을 받게 되자 네스토리우스파는 페르시아(현재의 이란)와 인도로 건너가 자신들의 교회를 세웠으며 심지어는 멀리 중국에까지 가서 전도 활동을 벌여 경교(景敎)[10]로 알려진 분파가 성립하게 되었다.

네스토리우스 논쟁 이후에는 이른바 단성론(單性論, Monophysitism)으로 알려진 견해가 대두하여 다시 한 번 교회를 분열시켰다. 콘스틴티노플의 수도원장 에우티케스(Eutyches, 375?~454?)가 알렉산드리아 교회 지도자들의 지지를 얻어 처음으로 주장한 이 견해는 성부와 성자가 일치한다는 점을 강조하기 위해서 그리스도의 인성은 일반 사람들의 인간성과는 본질적으로 다르다고 하면서 사실상 그리스도

---

10) 네스토리우스파가 7세기 초 중국 당나라에 전래된 이후 붙여진 이름.

의 신성만을 인정했다. 하지만 451년 칼케돈에서 개최된 공의회에서는 단성론을 배척하면서 그리스도는 서로 분리될 수도 없고 그렇다고 혼동될 수도 없는 두 본성으로 존재한다는 입장을 채택했다. 이후 단성론자들은 네스토리우스파의 경우와 마찬가지로 교회의 주류로부터 떨어져 나와 아시아와 아프리카에서 자신들만의 독자적인 교회를 형성했는데 시리아의 야코부스 교회, 이집트와 에티오피아의 콥트 교회 그리고 아르메니아 교회가 바로 그것이다. 오늘날까지 이 오리엔트 정교회들(Oriental Orthodox Churches)은 비록 그 규모는 크지 않지만 각 지역의 토착화된 민족 종교로서 그 전통을 계속 이어 가고 있다.

## 규모는 작지만 오랜 전통을 자랑하는 오리엔트 정교회

시리아 지역의 중요한 기독교 도시였던 에데사의 주교이면서 독립적인 단성론파 교회를 세우는데 크게 공헌한 야코부스 바라다이우스(Jacobus Baradaeus, ?~578)의 이름을 딴 야코부스 교회는 동로마 제국(비잔티움 제국)의 교회들이 그리스 어를 사용한 데 반해 지역 토착어인 시리아 어를 예배 언어로 채택했다. 이슬람이 시리아 지역을 정복한 이후에도 야코부스 교회는 자체의 성직자들을 중심으로 독자적인 법률과 재판을 통해 신자들을 다스리는 종교 공동체로 존속했다.

본래 콥트(copt)라는 말은 이집트 인을 뜻하는 그리스 어 '아이깁티오스(aigyptios)'의 아랍 어 발음에서 유래한 단어이다. 이집트에서는 5세기 이래로 지역 토착어인 콥트 어를 사용하는 단성론파 교회가 이집트 기독교인들의 대다수를 차지하게 되었는데 여기에는 외래의 정통 교리를 강요하는 비잔티움 제국 황제들의 시도에 대한 이집트 인들의 민족적 반감이 중요하게 작용했다. 한편 에티오피아 인들은 시리아 출신의 주교 프루멘티우스(St. Frumentius, ?~383?)에 의해 4세기 중엽 기독교로 개종했는데 이후 이집트의 영향으로 단성론을 받아들인 콥트 교회가 에티오피아에서도 뿌리를 내리게 되었다.

아르메니아는 301년경 카파도키아 출신의 그레고리우스(St. Gregory the Illuminator, 257?~331?)의 전도를 통해서 국왕과 그 백성들이 기독교로 집단 개종한 최초의 나라였다. 아르메니아 교회는 6세기 이후 칼케돈 공의회의 결정에 반대하여 단성론을 받아들였다. 근세에 들어와서 터키, 러시아와 같은 외세의 침탈에도 불구하고 아르메니아가 민족적 정체성을 유지할 수 있었던 데에는 교회의 역할이 주요했다.

# 2

# 동방 정교회는
# 왜 서방 교회와
# 갈라섰을까?

- 동방 정교회의 특징은 무엇일까?
- 동방 정교회와 서방 교회의 분열은 어떻게 진행되었을까?

> 우리와 프랑크 족(서방) 사이에는 넓디넓은 만(灣)이 가로놓여 있다. 우리들의 생각에 공통된 것은 아무것도 없다.
> — 12세기 비잔티움 제국의 역사가

우리의 시야를 유럽으로만 좁혀 본다면 기독교 세계의 분열에서 첫 번째로 언급할 수 있는 것은 동방 정교회와 서방 라틴 교회[11]의 분열일 것이다. 동·서방 교회의 분열에 대해 본격적으로 이야기하기 전에 혼란을 피하기 위해서 일단 기본 용어부터 간단히 교통정리를 해 보자. 앞에서 언급한 오리엔트 정교회와 이제부터 설명하려고 하는 동방 정교회(Eastern Orthodox Church)는 비록 '정교회'라는 용어가 똑같이 들어가 있긴 하지만 엄연히 다른 별개의 교회 조직이다. 오리엔트 정교회가 아시아와 아프리카 지역의 토착화된 기독교를 뜻하는 것이라면 동방 정교회는 주로 동유럽 지역에 퍼져 있으면서

---

11) 동·서방 교회의 문화적 차이를 강조하여 흔히 서방 교회를 라틴 교회, 동방 교회를 그리스(희랍) 정교회라고도 부른다.

비잔티움 제국 즉, 그리스의 문화적 영향이 강하게 남아 있는 여러 교회들을 부르는 말이다. 우리나라에는 동방 정교회가 그리 잘 알려져 있지 않기 때문에 여기에서는 먼저 동방 정교회가 개신교와 가톨릭을 막론하고 서방 교회와 구별되는 독특한 특징을 간단하게나마 살펴보는 것이 좋을 것 같다.

## 동방 정교회의 특징은 무엇일까?

동방 정교회의 교리나 예배 의식을 보면 개신교보다는 가톨릭 쪽과 닮은 점이 많다. 예를 들자면, 동방 정교회는 가톨릭교회와 마찬가지로 교리 면에서 7성사(七聖事, sacraments)[12]와 화체설(化體說, transubstantiation)[13]을 인정하고 있고 교회 조직의 측면에서도 주교 제도와 수도원 제도를 모두 받아들이고 있으며 성인(聖人) 공경과 성호 긋기의 전통도 그대로 유지하고 있다.

---

12) 하느님의 은총의 표지로 간주되는 의식으로 세례, 견진, 성체, 고해, 성품, 혼인, 병자 성사가 있다.
13) 성만찬 때 사용하는 빵과 포도주 실체가 실제로 그리스도의 살과 피로 변한다는 교리.

하지만 가톨릭교회와 구별되는 점도 많다. 가장 먼저 들 수 있는 것은 교황의 권위와 관련된 문제로 동방 정교회는 교황이 '동등한 자들 가운데 첫째'로서 영예적인 우선권을 가진다는 점은 인정하지만 기독교 교회 전체의 수장으로서 갖는 수위권(首位權, supremacy)은 거부한다. 게다가 동방 정교회는 로마 가톨릭교회처럼 바티칸의 교황을 정점으로 한 통일적인 교회 조직을 갖추고 있지도 않다. 본래 동방 정교회의 중심지는 비잔티움 제국의 수도 콘스탄티노플이었지만 1453년 오스만 튀르크 제국[14)]에 의해 함락된 이후 그 입지가 급격히 축소되어 오늘날 동방 정교회는 러시아 교회, 그리스 교회, 루마니아 교회, 불가리아 교회와 같이 주로 동유럽에 위치한 독립적인 지역 교회들의 연합체에 불과하다.

또한 가톨릭이든 개신교든 오늘날의 서방 교회가 다같이 그레고리력[15)]을 사용하고 있는데 반해 러시아와 같은 동방 정교회의 일부 지역에서는 그보다 더 오래된 달력인 율리우

---

14) 1299~1922년 사이에 존속했던 튀르크 계의 오스만 족이 세운 이슬람 국가로 오늘날 터키 공화국의 전신.

15) 1582년 교황 그레고리우스 13세가 율리우스력을 고쳐 새로 시행한 달력으로 현재 널리 사용되고 있다.

스력16)을 고수하고 있기 때문에 부활절이나 성탄절 같은 기독교의 주요 절기가 차이가 난다. 예배 의식도 자세히 살펴보면 가톨릭교회와 차이점이 있음을 알 수 있다. 몇 가지만 예를 들면, 동방 정교회에서는 예배 중에 무반주로 찬송을 부르고 예배당 안에는 보통 회중석이 없기 때문에 신자들은 서서 예배를 드리며 예배 중에 신자들이 자유롭게 이동하는 것도 허용된다. 이밖에도 가톨릭 성직자들이 예외 없이 독신을 지키는데 반해 동방 정교회의 경우에는 일반 교구 사제와 같은 하위 성직자들에게는 결혼이 허용된다. 단, 이 경우에도 사제로 서품받기 전에 결혼을 해야지 사제 서품 이후에는 결혼할 수 없다. 하지만 수도원의 수도사나 주교는 가톨릭교회와 마찬가지로 독신을 지켜야 한다.

  동방 정교회의 예배와 신앙생활에서는 그리스도, 성모 마리아, 성인들을 목판에 그려 넣은 이콘(icon)이라고 불리는 성화상(聖畵像)이 중요한 역할을 한다. 동방 정교회에서 이콘은 '하늘에 이르는 창'으로서 이 성화상을 통해 신자들은 하느님과 교통하고 은혜를 받는다고 믿는다. 이콘은 단지 정교회

---

16) 구력(舊曆)으로도 불리며 율리우스 카이사르가 기존의 로마 공화력을 개정하여 만든 태양력.

예배당에만 걸려 있는 것이 아니라 일반 신자들의 집에도 비치되어 있고 휴대용으로 만들어진 조그만 이콘도 있을 정도로 일상생활 속에서 쉽게 찾아볼 수 있다. 루오(Georges Henri Rouault, 1871~1958)[17]의 종교화에서 볼 수 있는 것처럼 현대 서유럽의 종교화가 작가의 개성이 표출되면서 상당 부분 변형된 것과는 달리, 동방 정교회의 이콘은 여전히 예전의 전통적인 양식 그대로를 고수하고 있는 것도 이콘이 단순한 예술 작품 이상의 것이라는 점을 잘 보여 준다.

## 동방 정교회와 서방 교회의 분열은 어떻게 진행되었을까?

동방 정교회와 서방 라틴 교회가 분열된 것은 하루아침에 이루어진 것이 아니라 오랜 시간에 걸쳐 점진적으로 이루어졌다. 보통 서양사 책들에는 1054년이 동·서방 교회가 분열된 시점이라고 나와 있기는 하지만 그 분열의 씨앗은 이미 훨

---

17) 프랑스의 화가로 가톨릭에 심취하여 「성스러운 얼굴」(1933) 등 종교적인 작품을 많이 남겼다.

씬 오래전에 뿌려진 상태였다. 우리가 먼저 주목해야 할 것은 동·서방 교회가 형식적으로 분열되기에 앞서서 동유럽과 서유럽이 문화적으로나 정치적으로 점차 이질적인 지역이 되어갔다는 사실이다.

395년 로마 제국이 동·서로 갈라지기 전부터 제국은 이미 문화적으로 서로 구분되는 별개의 두 지역으로 나뉘어 있었다. 일단 언어의 차이를 들 수 있는데 로마 인들이 사용한 라틴 어는 제국의 유일한 공식 언어가 아니었다. 왜냐하면, 오랜 문화적 전통의 높은 장벽에 부딪혀 로마화가 좌절된 동부 지중해 세계는 여전히 그리스 어와 그리스 문화가 지배적인 위치를 차지하고 있었기 때문이다. 이에 반해, 상대적으로 문명화가 덜 진행되었고 로마 제국에 편입된 이후 로마화가 크게 진척된 서부 지중해 세계에서는 라틴 어가 공식어는 물론 일반인들이 일상생활 속에서 사용하는 통용어로서의 지위도 갖게 되었다. 처음엔 적어도 교육받은 사람들은 제국의 어느 곳에서나 라틴 어와 그리스 어 모두를 구사할 수 있었지만 시간이 지나면서 점차 언어의 장벽이 양쪽을 갈라놓았다. 330년 콘스탄티누스 대제가 동방의 콘스탄티노플로 수도를 옮긴 것은 오히려 이러한 이질화 과정을 촉진시켰고 476년 서로마 제국이 멸망[18)]하고 게르만 족의 왕국들이 서유럽에 등장하면서 동방의 비잔티움 제국은 차츰 서방에 대한 통제권을 상실해 갔다. 게다가 6세기 말 이후 아바르 족[19]과 슬라브 족이 발칸 반도로 진출하고 이슬람이 지중해의 해상권을 장악하면서 동·서 유럽 사이의 활발한 교류와 접촉은 한층 더 힘들어졌다.

이러한 상황 속에서는 유럽의 기독교 역시 통일성을 유지하기가 쉽지 않았다. 4세기 이래로 지중해 주변의 기독교 세계에서는 본래 다섯 개의 도시(로마, 콘스탄티노플, 알렉산드리아, 안티오크, 예루살렘)와 이 도시에 거주하는 총대주교(總大主教, patriarch)[20]들이 교회 조직에서 핵심적인 지위를 차지하고 있었다. 하지만 7세기에 이슬람 군대가 시리아와 이집트를 석권하여 안티오크, 예루살렘, 알렉산드리아가 이슬람 세계로 편입된 이후로는 로마와 콘스탄티노플만이 서양 기독교 세계의 양대 중심지로서 실제적인 권력을 장악하게 되었다.

로마는 일찍부터 다른 도시들에 대한 우위를 확보할 수 있

---

18) 이 해에 서로마 제국의 마지막 황제 로물루스 아우구스툴루스(Romulus Augustulus, 460?~511?)가 게르만 족의 수장 오도아케르(Flavius Odoacer, 433~493)에 의해 폐위됐다.

19) 6~9세기 동유럽의 역사에서 중요한 역할을 했던 종족으로 한때 비잔티움 제국에 큰 위협이 되기도 했다.

20) 기독교에서 역사적으로나 지역적으로 중요한 위치를 차지하는 교구들의 주교에게 붙이는 칭호.

었는데 왜냐하면 로마가 제국의 가장 오래된 수도라는 점 이
외에도 로마의 주교는 서방의 유일한 총대주교일 뿐만 아니
라 무엇보다도 사도 베드로의 후계자[21]임을 내세울 수 있었
기 때문이다. 차후 '교황(Pope)'이라고 불리게 될 로마 주교들
은 특히 그리스도의 인성과 신성을 둘러싼 복잡한 논쟁에서
다른 총대주교들과는 달리 일관되게 확고한 입장을 견지함으
로써 기독교 세계에서의 자신의 입지를 강화할 수 있었다. 예
컨대 451년 동방에서 개최된 칼케돈 공의회는 교황의 수위권
을 확립하기 위해 진력했던 교황 레오 1세(Leo I, 400?~461)
가 서한을 통해 네스토리우스주의자와 단성론자들을 모두 논
박하면서 그리스도의 두 본성에 대해 천명한 것을 '베드로의
소리'로 선언하고 이를 정통 교리로 채택함으로써 결과적으로
로마의 위상을 한층 더 높여 주었던 것이다. 한편, 삼위일체
교리를 최종적으로 확립했던 381년의 콘스탄티노플 공의회에
서 로마 다음가는 특권을 인정받게 된 콘스탄티노플은 '새로
운 로마'이자 황제가 거처하는 비잔티움 제국의 수도로서 동

---

[21] 로마 교회는 사도 베드로의 후계자임을 내세우면서 예수가 베드로에게 말한 다음의 성경 구절을 중요한 근거로 제시해 왔다. "너는 베드로다. 나는 이 반석 위에다가 내 교회를 세우겠다. 죽음의 문들이 그것을 이기지 못할 것이다. 내가 너에게 하늘나라의 열쇠를 주겠다. 네가 무엇이든지 땅에서 매면 하늘에서도 매일 것이요 땅에서 풀면 하늘에서도 풀릴 것이다."(마태복음 16:18~19)

방의 기독교 세계에서 기존의 중심지였던 알렉산드리아를 제치고 자신의 위상을 점차 강화해 나갔다.

각각 서방과 동방의 기독교 중심지로 떠오른 로마와 콘스탄티노플 사이에 결정적으로 불화가 생기게 된 계기는 8세기 비잔티움 제국에서 발생한 성화상(聖畵像) 금지 문제였다. 당시 교회와 수도원에서 널리 행해지던 성화상 숭배를 성경에서 엄격하게 금지하고 있는 우상 숭배로 간주한 비잔티움 제국 황제 레오 3세(Leo III, 680?~741)는 726년 제국에 있는 모든 성화상을 철거하라는 칙령을 내렸다. 성화상을 하느님을 표현하고 경험하고 교육하는 데 중요한 도구로 간주해 온 콘스탄티노플 총대주교와 수도사들은 성화상 금지령에 저항했다. 성화상 옹호론자들은 특히 성육신 교리에 근거하여 물질적 몸을 취하신 하느님은 물질적 상징들로 표현할 수 있다고 주장했다. 하지만 황제는 자신의 뜻을 굽히지 않고 강압적인 방식을 동원해 제국 내 성화상들을 파괴해 나갔다.

당시 비잔티움 제국은 이탈리아의 일부 지역도 다스리고 있었기 때문에 황제는 성화상 금지령을 서방으로까지 확대하려고 했다. 로마에 자리 잡고 있는 교황들은 그때까지는 온갖 교리상의 분쟁에도 불구하고 비잔티움 제국의 충성스러운 신하로 자처해 왔었지만, 교황 그레고리우스 2세(Gregorius II,

669~731)는 종교 문제에 대한 황제의 개입이 부당하다고 보고 성화상 파괴 정책을 공식적으로 반대하면서 이를 정죄하기까지 했다. 레오 3세는 자신의 정책에 반대하는 콘스탄티노플 총대주교는 파면할 수 있었지만 멀리 떨어져 있는 교황을 축출하는 데에는 성공을 거두지 못했다. 그런데 이즈음 이탈리아 북부 지역에서는 롬바르드 족[22]이 세력을 크게 확장하면서 752년 비잔티움 제국의 이탈리아 거점 도시인 라벤나[23]를 함락시키고 교황이 있는 로마까지 위협하고 있었다. 이에 교황은 비잔티움 황제를 대신하여 롬바르드 족으로부터 자신을 보호해 줄 세속의 권력자를 찾는 과정에서 오늘날 프랑스 지역에 자리 잡고 있는 프랑크 왕국[24]과 제휴를 맺게 되었다. 교황과 제휴한 프랑크 국왕 피핀 3세(Pepin III, 714~768)[25]는 이탈리아로 진군해서 롬바르드 족을 무찌르고 라벤나를 포함한 중부 이탈리아의 영토를 교황에게 기증했는데 이것이

---

[22] 568~774년에 이탈리아 반도의 한 왕국을 다스렸던 게르만 족의 일파.

[23] 당시 라벤나는 비잔티움 제국 황제가 파견한 총독이 다스리고 있었다.

[24] 5세기 말부터 9세기까지 존속한 프랑크 족의 국가로 프랑스, 독일 서부, 이탈리아 북부 지역을 통합했다.

[25] 프랑크 왕국의 카롤링거 왕조의 창시자로 교황 스테파누스 2세에 의해 새로운 왕조의 국왕으로 축성받았다.

1870년까지 계속될 교황령(敎皇領, Papal States)[26]의 시작이었다. 한편, 비잔티움 제국에서는 이후 황제들의 성향에 따라 성화상 금지와 수용이 번갈아 가며 시행되다가 843년 여제(女帝) 테오도라(Theodora, 815?~867)가 교회 회의를 소집하여 최종적으로 성화상을 허용함으로써 이 문제를 둘러싼 장기간의 논쟁에 종지부를 찍었다. 하지만 8세기의 성화상 금지 문제로 인해 이미 서방 교회와 비잔티움 제국 사이의 관계는 크게 멀어졌고 양측은 점차 독자적인 길을 걷게 되었다.

신학적인 문제에서도 로마와 콘스탄티노플은 서로 다른 입장을 보이며 불화를 빚었는데 성령의 문제를 둘러싸고 일어난 필리오케(filioque) 논쟁이 그 대표적인 경우였다. 필리오케는 '그리고 아들(성자)로부터'라는 뜻을 지닌 라틴 어 단어로 서방 교회는 성령이 성부뿐만 아니라 성자로부터도 나온다고 주장했지만 동방 교회는 니케아와 콘스탄티노플 공의회의 결정대로 성령은 오직 성부로부터만 나오는 것이라고 반박했던 것이다. 이 말장난 같은 단어의 차이가 뭐 그리 중요한 것이기에 교회를 분열시키기까지 했을까 라고 반문할 수도 있겠

---

26) 756~1870년에 교황이 주권을 행사하며 통치했던 이탈리아 중부에 위치한 교회 국가.

지만 이 논쟁은 단순히 교리상의 차이에 국한된 것이 아니었음을 기억해야 한다.

필리오케의 사용 여부는 불가리아에 대한 기독교 선교 문제에서 동·서방 교회가 서로 경쟁하며 첨예하게 대립했을 때 논쟁의 불씨를 제공해 주었다. 본래 비(非)기독교 국가였던 불가리아의 국왕 보리스 1세(Boris I, ?~907)는 865년경 비잔티움 제국에서 파견한 선교사에 의해 세례를 받았지만 비잔티움 측이 불가리아의 교회 조직을 콘스탄티노플에 완전히 종속시키려고 하자 이에 불만을 품고 서방 교회에 외교 사절들을 파견했다. 교황 니콜라우스 1세(Nicolaus I, 819?~867)는 보리스의 요청에 따라 독일 출신의 성직자들을 불가리아에 파견했고 이 성직자들은 동방 정교회의 여러 관행들을 비판하면서 특히 니케아 신조에 필리오케를 추가하지 않은 것을 문제 삼았다. 비잔티움 제국과 국경을 맞대고 있는 이웃 나라 불가리아에서 서방의 라틴 교회가 세력을 확장해 나가자 콘스탄티노플 총대주교인 포티우스(Photius, 820?~893?)는 가만히 지켜보고만 있을 수 없었다. 더구나 포티우스는 자신이 총대주교직에 임명된 것을 교황이 인정하지 않고 훼방을 놓은 적이 있어 서방 교회와의 관계가 원만하지 못한 상태였다. 결국 포티우스는 867년 필리오케를 사용하는 사람들을 이단으로 정죄함과 동시에 교황 니콜라우스를 '주님의 포도밭을 파괴한 자'로 몰아 파문시켜 버렸다. 한편, 로마의 교황 역시 불가리아 교회에 자치권을 줄 의사가 없다는 것을 깨달은 보리스 1세는 독일 성직자들을 추방시켜 버렸고 이후 불가리아는 완전히 동방 정교회의 일원이 되었다. 이렇듯 필리오케 논쟁은 동유럽 지역의 기독교 선교에서 동·서방 교회의 주도권 쟁탈전과도 밀접하게 관련되어 있었던 것이다.

동·서방 교회의 불화는 11세기 중엽에 들어와서 마침내 양측이 서로 상대방을 정죄하면서 완전히 갈라서는 지경에까지 이르게 되었다. 본래 비잔티움 제국의 영토였던 남부 이탈리아 지역을 노르만 족[27]이 침공하면서 이 지역의 동방 정교회에 서방의 관행을 강요한 것에서 문제가 비롯되었다. 콘스탄티노플의 총대주교 케룰라리우스(Michael Cerularius, 1000?~1059)는 이에 대한 대응으로 그리스 식 관습을 거부하는 콘스탄티노플의 모든 서방 라틴 교회들의 문을 닫고 사제들을 추방하는 조처를 취했다. 그러자 교황 레오 9세(Leo IX, 1002~1054)는 논란이 되고 있는 동·서방 교회의 서로 다른 관행 문제를 협상을 통해 해결하기 위해 추기경 훔베르

---

27) 프랑스 북부에 자리 잡았던 바이킹 족과 그들의 후예.

트(Humbert of Silva Candida, 1010?~1061)가 이끄는 사절단을 1054년 콘스탄티노플로 파견했다. 하지만 케룰라리우스와 훔베르트 모두 고지식하고 비타협적인 인물이었기 때문에 양측의 회담은 곧 결렬되었다. 결국 인내심을 상실한 훔베르트는 총대주교를 이단으로 파문하고 비잔티움 인들이 필리오케를 생략한 것을 저주하는 파문 교서를 하기아 소피아(Hagia Sophia) 대성당[28]에 내걸고 나서 콘스탄티노플을 떠나 버렸다. 이에 질세라 케룰라리우스 역시 교황의 사절단을 똑같이 파문했다. 화해의 시도가 도리어 동·서방 교회의 분열이라는 결과를 낳았던 것이다.

1054년의 상호 파문으로 인해 동·서방 교회의 분열의 골이 깊어졌던 것은 사실이지만 이것은 아직까지는 대중적 차원의 분열은 아니었다. 양측의 복잡한 신학 논쟁과 기독교 세계의 주도권을 장악하기 위한 싸움은 일반 기독교인들의 직접적인 관심사라기보다는 일차적으로는 황제와 교황, 총대주교를 비롯한 고위 성직자 그리고 지식인 세계의 분열이란 성격이 강했다. 이처럼 동·서방 교회 사이의 제한적인 형태

---

28) 비잔티움 제국의 황제 유스티니아누스 1세(Justinianus I, 483~565)가 콘스탄티노플에 세운 대성당.

의 분열을 일반 대중의 차원으로까지 확대시켰던 사건이 바로 서방의 십자군 원정이었다. 십자군은 셀주크 튀르크[29]가 세력을 확장하여 비잔티움 제국을 위협해 오자 황제 알렉시우스 콤네누스(Alexius I Comnenus, 1048~1118)는 서방에 군사 지원을 요청했고 이에 교황 우르바누스 2세(Urbanus II, 1035?~1099)가 1095년 성지 예루살렘 탈환을 위한 성전(聖戰)을 호소함으로써 결성되었다. 십자군의 1차 동방 원정은 1099년 예루살렘을 함락시키고 기독교 국왕을 옹립함으로써 처음에는 성공을 거둔 것처럼 보였다. 하지만 1187년 이슬람 측은 예루살렘을 재탈환했고 여기에 자극을 받은 유럽의 군주들은 다시 한 번 대규모 십자군을 일으켰지만 예루살렘을 군사적으로 정복할 수는 없었다.

총 여덟 차례나 진행된 십자군 전쟁은 성전이라는 미명 하에 여러 가지 참혹한 결과를 가져왔지만 그중에서도 가장 수치스러웠던 것은 제4차 십자군이었다. 교황 인노켄티우스 3세(Innocentius III, 1161~1216)[30]가 조직한 4차 십자군은 성지 회복이라는 본래의 목적은 도외시한 채, 같은 기독교 국

---

29) 11~13세기에 중동 지역을 통치했던 튀르크 계의 이슬람 제국.
30) 중세 교황권의 최고 절정기를 이룩했던 교황으로 서유럽 각국의 군주들을 굴복시켰다.

가인 비잔티움 제국의 수도 콘스탄티노플을 점령, 약탈함으로써 십자군이란 이름에 걸맞지 않는 행위를 저질렀던 것이다. 이들 십자군의 일차 집결지는 베네치아였다. 왜냐하면 베네치아 인들이 십자군의 해로 수송을 담당하도록 되어 있었기 때문이었다. 그런데 베네치아 인들은 성지 회복보다는 동부 지중해 지역에서의 자신들의 상업적 이익에 훨씬 관심이 많았고 십자군은 베네치아 인들에게 엄청난 뱃삯을 지불하지 못해 곤란한 상황에 처해 있었다. 바로 이런 시점에서 때마침 비잔티움 제국에서 제위를 둘러싼 다툼이 일어나 폐위당한 황제 측 진영에서 다시 권좌에 복귀하기 위해 십자군에 군사 원조를 요청해 온 것이다. 베네치아 인들과 십자군은 이것을 하늘이 준 기회라고 생각했다. 결국 그들은 교황의 계획에 따라 성지로 향하는 대신 콘스탄티노플을 공격하기로 계획을 바꿨다. 1204년 4월, 베네치아 인들과 십자군은 콘스탄티노플을 함락하고 나서 사흘 동안 도시를 마음껏 약탈했다. 십자군의 약탈과 살육이 얼마나 심했던지 비잔티움의 한 연대기 작가는 "그들의 어깨에 그리스도의 십자가를 진 이 사람들과 비교하면 차라리 사라센 인[31]들이 더 자비롭고 친절하였다."

---

31) 중세 유럽 인들이 중동의 이슬람교인들을 지칭했던 표현.

고 말할 정도였다.

비록 나중에 비잔티움 인들이 다시 수도를 되찾기는 했지만 그들은 이후로도 오랫동안 이 끔찍했던 사건을 결코 잊지 않았고 이것은 분열된 동·서방 교회가 다시 연합하는 데 최대의 걸림돌로 작용했다. 실제로 1453년 비잔티움 제국이 멸망하기 전까지 동·서방 교회를 다시 하나로 합치려는 시도가 전혀 없었던 것은 아니었다. 먼저 1274년 프랑스 리옹에서 열린 공의회에 참석한 동방 정교회 대표들은 필리오케를 인정하는 등 교황의 주장을 대폭 받아들임으로써 동·서방 교회의 연합을 실현시키는 듯했다. 그러나 이 결정은 불가리아와 다른 동방 정교회 국가들의 반발에 직면했을 뿐만 아니라 서방에 대해 강한 경계심을 갖고 있는 비잔티움 교회의 대다수 성직자와 평신도들에 의해 완강하게 거부되었다.

이러한 사정은 1439년 이탈리아의 피렌체에서 열린 제2차 연합 공의회에서 다시 한 번 되풀이되었다. 오스만 튀르크의 계속되는 공격을 막기 위해서는 서방 교회와의 연합 이외에 다른 방법이 없다고 생각한 비잔티움 제국 황제와 콘스탄티노플 총대주교를 비롯한 동방 정교회의 고위 성직자들이 대거 참석했던 피렌체 공의회에서 양측은 필리오케와 연옥(煉獄, purgatory)[32] 그리고 교황의 수위권에 대한 라틴 교회의 입장을 지지하는 쪽으로 합의를 보았다. 하지만 이번에도 비잔티움의 대다수 성직자들과 평신도들은 공의회의 결정 사항을 받아들이려고 하지 않았다. 비잔티움 제국의 대공(大公) 루카스 노타라스(Loukas Notaras, ?~1453)는 "이 도시(콘스탄티노플)에서 라틴 주교의 주교관(冠)을 보느니 차라리 이슬람교인의 터번을 보는 게 낫겠다."고 말할 정도였다. 결국 동·서방 교회의 연합은 아무런 실속도 없었고 그나마 오래 지속되지도 못했다. 1453년 콘스탄티노플이 오스만 튀르크에 의해 함락됨으로써 이후 동·서방 교회의 교류는 완전히 끊어지게 되었고 이제 이슬람의 세력권 안에 편입된 콘스탄티노플(이스탄불)을 대신하여 동방 정교회의 새로운 중심이자 '제3의 로마'로 러시아의 모스크바가 서서히 부상하게 되었다.

---

32) 로마 가톨릭교회의 교리에서 자신의 죄를 완전히 씻지 못한 영혼들이 천국에 들어가기 전에 고통받으면서 정화되는 장소. 전통적으로 가톨릭교회는 살아 있는 신자들의 기도, 자선, 미사 등을 통해서 연옥에서 고통당하는 영혼들에게 효과적으로 도움을 줄 수 있다고 가르쳐 왔다. 그러나 개신교 교회는 연옥의 존재를 부정하고 있고 동방 정교회에서는 죽은 자들을 위한 기도의 필요성은 인정하지만 연옥의 존재에 대해서는 통일된 입장이 없다.

## 러시아 정교회와 '제3의 로마'

러시아가 기독교를 받아들인 것은 키예프 공국(公國)의 통치자 블라디미르(Vladimir I, 958?~1015)가 988년 신하들과 함께 동방 정교회로 개종함으로써 이루어졌다. 블라디미르가 동방 정교회를 수용한 것은 비잔티움 제국과의 유대 강화라는 다분히 정치적인 동기에서 비롯된 것으로 보인다. 실제로 그는 비잔티움 황제의 여동생 안나와 결혼하면서 양국의 결속을 굳건히 다질 수 있었다. 1237년 키예프 공국이 몽골 족에 의해 멸망당할 때까지 러시아 정교회는 콘스탄티노플에 종속되어 있었다.

200년 이상 지속된 몽골 족의 지배 시기에 러시아의 민족의식을 되살려 낸 것은 키예프가 아닌 모스크바였다. 1325~26년 러시아 정교회의 대주교가 모스크바로 옮겨 감으로써 이 도시의 위상은 크게 높아졌다. 1439년 피렌체 공의회의 결정에 반발하여 러시아인들은 비잔티움 교회로부터 떨어져 나왔고 콘스탄티노플 함락 이후 러시아 정교회는 완전히 독립적인 자치 교회가 되었다. 특히 모스크바 대공(大公) 이반 3세(Ivan III, 1440~1505)가 1472년 비잔티움 제국의 마지막 황제의 조카딸과 결혼하면서 모스크바를 '제2의 로마'였던 콘스탄티노플의 계승자로 여기는 생각이 힘을 얻게 되었고, 이때부터 사람들은 모스크바를 동방 정교회의 전통을 지킨 '제3의 로마'로 생각하게 되었다.

# 3

# 16세기 종교 개혁은 왜 독일에서 처음 일어났을까?

- 16세기 초 독일의 상황은 어떠했을까?
- 루터가 시작한 독일 종교 개혁은 어떻게 진행되었을까?

교황의 면벌부를 통해 인간이 모든 징벌로부터 사면되어 구원을 얻는다고 선포하는 면벌부 설교자들은 오류를 범하고 있는 것이다.
— 마르틴 루터

독일은 유럽에서 최초로 종교 개혁이 일어난 나라이다. 독일에서부터 시작된 종교 개혁으로 서방의 라틴 교회는 심각한 분열을 경험하면서 예전의 통일된 모습을 영원히 잃어버리게 되었고[33] 이때 생겨난 개신교는 로마 가톨릭, 동방 정교회와 함께 기독교의 3대 종파의 하나로서 오늘날까지 계속 이어져 내려오고 있다. 그럼 서방 라틴 교회에 소속되어 있던 여러 유럽 국가들 가운데에서 하필이면 독일에서 제일 먼저 종교 개혁이 일어난 이유는 무엇일까? 이 질문에 대답하기

---

33) 16세기 종교 개혁 이전에도 서방 라틴 교회는 1378~1417년 동안 심각한 분열을 경험한 적이 있다. 이 기간 동안 교황청은 로마와 프랑스의 아비뇽 두 곳으로 나뉘어 있었는데 영국과 독일이 로마 측을, 프랑스와 스페인이 아비뇽 측을 지지하면서 심각한 분열상을 드러냈다. 하지만 이 서방 교회의 분열은 1414~18년 콘스탄츠 공의회에서 종지부를 찍었고 따라서 16세기 종교 개혁처럼 영구적인 분열을 초래하지는 않았다.

위해서는 먼저 16세기 초 독일이 처했던 정치, 종교적 상황에 대해서 살펴보아야 할 것 같다.

## 16세기 초 독일의 상황은 어떠했을까?

1517년 마르틴 루터(Martin Luther, 1483~1546)가 종교 개혁을 일으켰을 당시의 독일은 서유럽의 프랑스나 영국같이 중앙 집권화된 국가들과는 상당히 다른 정치 구조를 갖고 있었다. 중세 이래로 독일은 신성(神聖) 로마 제국(Holy Roman Empire)[34]으로 불리고 있었는데 이 제국은 황제가 전제적인 통치를 행사하는 통일 국가가 아니라 수많은 제후들이 자신의 영토에서 실제적인 영향력을 행사하고 있는 지방 분권 국가였다. 더욱이 신성 로마 제국은 황제의 지위가 자동적으로 아버지에서 아들로 이어지는 세습 군주국이 아니라 유력한 제후들의 결정에 따라 황제가 선출되는 선출 군주국이었다. 독일인들은 황제를 선출할 권한이 있는 일곱 명의 최고위직 제후들을 '7선제후(選帝侯)'라고 불렀는데 그중 세 명이 종

---

34) 독일을 중심으로 한 중부 유럽에서 1806년까지 존속했던 제국.

교 제후였다. 이들이 마인츠, 쾰른, 트리어의 대주교라는 사실에서 알 수 있는 것처럼 독일은 종교 제후들의 권한이 다른 나라보다 상대적으로 더 강력했다. 실제로 이 세 명의 종교 제후 이외에도 주교나 수도원장 같은 독일의 고위 성직자들은 단순히 신자들의 영혼을 돌보는 역할에 만족하지 않고 일반 봉건 영주들과 마찬가지로 자신들이 소유한 광대한 토지로부터 나오는 각종 지대 수입을 챙기고 정치에 깊이 관여하면서 세속적인 권력을 추구하는 경우가 많았다. 꼭 독일에만 국한되었던 것은 아니지만 당시의 교회 성직자들은 여러 가지 부패상으로 인해 대중의 지탄을 받고 있었다. 아무런 사명 의식이 없는 봉건 영주가 돈을 주고 주교 지위를 획득하는 성직 매매가 일상적으로 이루어지는가 하면, 본래 성직자들은 독신 생활을 해야 했지만 공공연하게 여자와 같이 살면서 "성직자로서는 독신이지만 영주로서는 아내와 자식을 가질 권리가 있다."고 궤변을 늘어놓기도 했다.

또한 독일은 확고한 중앙 권력의 부재와 종교 제후들의 막강한 권력으로 인해 당시 이탈리아 르네상스 문화의 세속적 가치를 대변하고 있던 교황청의 사치와 전쟁 비용을 대신 떠안아야 하는 손쉬운 착취 대상으로 전락하고 있었다. 예컨대 교황 식스투스 4세(Sixtus IV, 1414~1484)는 자신의 치세 기간 동안 시스티나 예배당[35])과 같은 수많은 교회 건물들을 건축, 보수하도록 했고, 볼로냐를 교황령에 합병시키기 위해 몸소 군대를 이끌고 전쟁에 출전하기도 했던 율리우스 2세(Julius II, 1443~1513)는 성 베드로 대성당을 재건축하기 시작하는 등 르네상스 시대의 교황들은 끊임없이 어마어마한 비용이 드는 거대한 사업들을 벌여 나갔다. 이러한 막대한 비용을 충당하기 위해 고심하고 있던 교황청에게 독일은 '교황청의 젖소' 구실을 충실히 수행하는 고마운 존재였다. 마치 경매를 통해 최고 입찰자에게 물건을 팔아넘기듯이 로마 교황청은 비록 신앙심도 없고 자격도 갖추지 못한 경우라 할지라도 가장 많은 돈을 헌납하는 사람에게 거리낌 없이 독일 교회의 고위직을 넘겨주었고 또 이렇게 해서 고위 성직자가 된 사람들은 그 첫해의 수입을 관례에 따라 모두 교황청에 바치곤 했다. 고위 성직자들은 자신의 이런 경제적 손실을 만회하기 위해 하위 성직자들에게 압력을 가했고 이는 결국 고스란히 일반 신도들의 경제적 부담으로 돌아왔다. 해마다 엄청난 돈이 이탈리아로 흘러 들어가는 것을 불편한 마음으로 지켜보

---

35) 교황청의 부속 예배당으로 내부에는 미켈란젤로의 유명한 「천지창조」와 「최후의 심판」이 그려져 있다.

고 있었던 독일인들 사이에서는 점차 반(反)로마적인 정서가 팽배해질 수밖에 없었다.

바로 이런 상황 속에서 직접적으로 종교 개혁을 촉발시키게 된 사건이 교황청의 대대적인 면벌부(免罰符, indulgence) 판매였다. 우리나라에서는 흔히 관행적으로 면벌부를 '면죄부(免罪符)'로 번역하는 경우가 많은데 이것은 엄밀히 말하자면 잘못된 번역이다. 왜냐하면 교회가 발급하는 면벌부는 본래 인간의 죄 자체를 용서해 주는 것이 아니라 죄의 결과로 받게 될 징벌을 줄이거나 면제해 주는 효과를 갖고 있었기 때문이다. 면벌부는 중세 교회가 죄를 지은 신자들이 참회하면서 일정한 조건(기도, 자선, 순례 등)을 충족시키면 그 죄에 따르는 벌을 용서해 줄 권한이 교황에게 있다고 주장한 것으로부터 비롯되었다. 예를 들어, 십자군 원정 당시 이슬람교인들에 대항한 성전(聖戰)에 참여한 사람들이나 직접 전쟁터에 나가지 못했다 하더라도 성전 수행을 위해 금전을 기부한 사람들에게는 교회가 이와 같은 혜택을 주곤 했다. 한편 15세기 말에 가면 교황은 연옥에서 고통 받는 영혼들이 겪는 징벌도 줄이거나 면제해 줄 수 있다는 주장이 나타나게 되었다. 원래 면벌부는 돈을 주고 사는 것이라기보다는 이 증서를 받은 사람들이 감사의 표시로 교회에 돈을 기부하는 것이 원칙이었지만 중세 말에 이르면 별다른 참회 행위 없이 면벌부를 구매하기만 해도 죄로 인한 벌을 용서받을 수 있다는 생각이 확산되기 시작했다.

부유한 메디치 가문[36] 출신이었던 교황 레오 10세(Leo X, 1475~1521)가 로마의 성 베드로 성당의 재건에 필요한 막대한 자금을 마련하기 위해 도입한 방법이 바로 이 면벌부의 대대적인 판매였던 것이다. 면벌부 판매는 유럽 각국에서 진행된 것이기는 하지만 특히 국가적 통합을 이루지 못했던 독일에서 더욱 노골적으로 이루어졌다. 7선제후 중의 한 명이었던 마인츠 대주교 알브레히트(Albrecht von Brandenburg, 1490~1545)는 교황과의 계약에 따라 8년 동안 자신의 영토에서 면벌부 판매를 시행할 수 있는 권한을 부여받았고 면벌부 판매를 현장에서 진두지휘할 인물로 도미니크 수도회 수사인 요하네스 테첼(Johannes Tetzel, 1465?~1519)을 선택했다. 테첼은 신앙심 깊은 수도사라기보다는 대단히 뛰어난 상술을 갖고 있는 사업가에 가까운 인물이었다. 그는 면벌부 판매를 극대화하기 위해서 면벌부를 구매하면 기존의 죄는 물론이고 미래의 죄로 인한 형벌까지도 용서받을 수 있고 구매

---

[36] 1434~1737년에 걸쳐 이탈리아 피렌체와 토스카나 지방을 지배했던 유력한 가문.

한 돈이 돈궤에 짤랑하고 떨어지는 즉시 구매자의 죽은 친척들까지도 연옥의 고통에서 해방된다고 과대 포장하여 선전했다. 실제로 이런 선전에 현혹된 많은 사람들이 면벌부를 구매했다. 1517년 이러한 면벌부 판매 관행을 정면으로 공격하고 나선 인물이 바로 비텐베르크 대학의 신학 교수 마르틴 루터였고 그에 의해서 독일 종교 개혁은 시작되었다.

## 루터가 시작한 독일 종교 개혁은 어떻게 진행되었을까?

1483년 독일 작센 지방의 아이슬레벤에서 태어난 루터는 본래 아버지의 소원대로 에르푸르트 대학에서 법학 공부를 시작했지만 1505년 모든 공부를 그만두고 아우구스티누스 수도원에 들어가 수도사가 되었다. 루터가 말년에 회고한 바에 따르면 자신이 갑자기 수도사가 되기로 결심한 데에는 1505년 여름 어느 날 마을 근처에서 벼락을 동반한 폭풍우를 만났을 때 공포에 휩싸여 "성 안나[37]여, 나를 도우소서, 수도사가 되

---

37) 성모 마리아의 어머니.

겠나이다."라고 외친 것이 계기가 되었다고 한다. 이처럼 한때 성녀의 이름을 불러 애원하던 루터가 나중에는 성인 숭배를 쓸데없는 것으로 반박하게 되었고 수도사가 되겠다고 맹세한 그가 후에 수도원의 모든 것을 배척하게 되었다는 것은 운명의 아이러니가 아닐 수 없다. 수도사가 되고 나서도 루터는 자신의 죄로 인해 구원받지 못할지도 모른다는 두려움을 떨쳐 버릴 수 없었고 이 두려움에서 벗어나기 위해 혹심한 고행을 수행했지만 아무 소용이 없었다. 당시 유행대로 로마로 성지 순례를 떠나 보기도 했지만 그곳에서 만난 성직자들의 경박함과 세속적인 태도는 실망스러울 따름이었다. 예루살렘에서 로마로 옮겨 온 것으로 알려진 빌라도의 재판정 앞에 놓여 있었던 성스러운 계단을 무릎으로 기어오르면서 계단에 입맞춤하고 주기도문을 외웠지만 꼭대기에 올라서서 루터가 무의식중에 한 말은 "이게 과연 사실일까?"라는 의심에 찬 중얼거림이었다. 로마에 다녀온 후에도 계속 방황하던 루터는 주변의 조언에 따라 작센의 비텐베르크 대학에서 본격적으로 신학을 공부하여 1512년 박사 학위를 취득했고 그곳에서 신학 교수로서의 삶을 시작했다. 그는 학생들에게 신약 성경의 「로마서」를 강의하던 중 인간의 구원은 전통적으로 교회에서 주장하던 것처럼 선행이나 고행과 같은 인간의 노력을 통해 얻어지는 것이 아니라 오직 성경을 통해서 하느님의 은총으로, 그리고 그리스도에 대한 믿음을 통해서 얻어진다는 것을 깨닫게 되었다.

이러한 자신의 깨달음에 비추어 볼 때 독일에서 이루어지고 있는 면벌부 판매는 문제가 많다고 판단한 루터는 1517년 10월 교회의 잘못된 관행을 비판하는 「95개조 반박문(*Disputatio pro declaratione virtutis indulgentiarum*)」을 라틴 어로 작성하여 당시 면벌부 판매를 관장하고 있던 마인츠 대주교에게 보냈다. 루터의 95개조 반박문의 주요 내용을 정리하면 다음과 같다.

6조: 교황은 하느님이 죄를 용서한 것을 단지 선언하고 확인하는 것 이외에는 그 어떤 죄도 용서해 줄 수 없다.

21조: 교황의 면벌부를 통해 인간이 모든 징벌에서 벗어나서 구원을 얻는다고 선포하는 면벌부 설교자들은 오류를 범하고 있는 것이다.

22조: 교황은 연옥에 있는 영혼들의 어떤 징벌도 면제해 줄 수 없다. 교회법에 따르면 이 징벌은 살아 있을 때 속죄해야만 하는 것이다.

27조: 돈궤 안에 돈이 짤랑 떨어지자마자 영혼이 연옥에서 해방된다고 말하는 사람들은 인위적 교리를 전파하는 것이다.

36조: 진정으로 참회를 한 기독교인은 설령 면벌부가 없다 하더라도 징벌과 죄의 완전한 사면을 받을 권리가 있다.

45조: 가난한 사람을 보고서는 그냥 지나치고 대신 면벌부를 구매하는 자는 교황의 면벌부를 사는 것이 아니라 하느님의 분노를 사는 것임을 기독교인들에게 가르쳐야 한다.

루터의 「95개조 반박문」은 곧 커다란 반향을 불러일으키면서 신속하게 독일어로 번역되었을 뿐만 아니라 당시의 최신 기술인 활판 인쇄술을 이용, 출판됨으로써 독일 전역에 급속도로 유포되어 나갔다. 처음 「95개조 반박문」을 썼을 때만 하더라도 루터는 가톨릭교회로부터 완전히 떨어져 나올 생각은 하지 않았다. 하지만 이후 루터의 주장을 이단시하는 가톨릭 신학자들과의 논쟁은 루터로 하여금 자신의 생각을 분명히 정리하도록 만들었다. 예를 들어 1519년 라이프치히에서 벌어진 논쟁에서 잉골슈타트 대학 교수 요한 에크(Johann Eck, 1486~1543)는 루터와 교황의 수위권이 정당한지를 놓고 언쟁을 벌이다가 루터를 1세기 전 지기스문트 황제(Sigismund, 1368~1437) 때, 콘스탄츠 공의회에서 이단자로 몰려 화형당한 얀 후스(Jan Hus, 1369~1415)[38]와 같은 부류로 몰아세웠다. 루터는 이러한 공격에 움츠러들기는커녕 이 보헤미아(오늘날의 체코) 지방 이단자의 주장이 도리어 기독교적이며 복음적인 부분이 많다고 옹호함으로써 적대자들로부터 '작센의 후스'라는 별칭을 얻게 되었다. 라이프치히 논쟁 이후 루터는 유명 인사가 되었다. 루터는 1520년 「독일 민족의 기독교 귀족에게(*An den christlichen Adel deutscher Nation*)」, 「교회의 바빌론 포로 생활(*Von der babylonischen Gefangenschaft der Kirche*)」, 「기독교인의 자유(*Von der Freiheit eines Christenmenschen*)」와 같은 논문들을 연이어 발표하여 7성사, 화체설과 같은 가톨릭교회의 핵심 교리들을 공격하는 한편 교황의 권위를 맹렬하게 비난했다. 더 이상 참을 수 없었던 교황 레오 10세는 1520년 「엑수르게 도미네(*Exsurge Domine*)」라는 교서를 발표해 루터를 '주님의 포도밭을 파괴한 멧돼지'라고 비난하면서 루터가 60일 내에 자신의 주장을 철회하지 않으면 이단자로 낙

---

38) 성경만을 기독교 신앙의 유일한 원천으로 보고 교황청의 부패를 비판하다가 1415년 화형당한 체코의 종교 개혁가. 후스가 처형당하자 그의 추종자들은 지기스문트 황제에 대항하는 민족주의적인 저항 운동을 전개해 나갔다. 한때 후스파는 황제군을 격파하는 등 큰 성과를 거두었지만 온건파와 급진파로 나뉘어 서로 내전을 벌이기도 하다가 온건파가 승리하여 1436년 황제와 협약을 맺고 몇몇 종교적 권리를 인정받았다.

인찍어 파문하겠다고 위협했다. 로마에서는 루터의 책들이 불태워졌다. 하지만 루터는 이에 굴하지 않고 비텐베르크에서 교수들과 학생들이 지켜보는 가운데 대담하게 교황의 교서와 교회법과 관련된 책들을 모아 불태워 버리는 것으로 맞대응했다.

1519년 선제후들에 의해 신성 로마 제국 황제로 선출된 합스부르크(Habsburg) 가문 출신의 카를 5세(Karl V, 1500~1558)[39]는 루터에 의해 교회의 통일성이 파괴되고 제국이 루터의 지지자들과 적대자들로 분열되고 있는 것을 불편한 심기로 바라보고 있었다. 하지만 황제는 루터를 로마 교황청에서 요구하는 것처럼 즉각적으로 처벌할 수 없었는데 왜냐하면 루터의 배후에는 작센의 선제후 프리드리히 현인공(賢人公, Friedrich der Weise, 1463~1525)이 있었기 때문이다. 선제후 프리드리히는 루터의 견해를 전적으로 이해하고 있던 것은 아니지만 자신이 설립한 비텐베르크 대학의 가장 유명한 교수를 위험에 빠뜨리고 싶지 않았고 공정한 청문회에서 루터가 자신의 입장을 표명할 기회를 주어야 한다고 생각

---

[39] 신성 로마 제국 황제이자 스페인 국왕(카를로스 1세)으로 유럽과 아메리카 대륙에 걸친 광범위한 지역을 통치했다.

했다. 황제는 작센 선제후와 협의한 끝에 1521년 보름스에서 열릴 제국 의회[40]에서 루터가 자신의 견해를 밝힐 수 있는 기회를 주기로 결정했다. 1521년 4월 17일 루터는 황제와 선제후들이 모여 있는 보름스의 회의장에 모습을 드러냈다. 루터의 앞에는 자신이 쓴 책들이 쌓여 있었는데 심문관은 책에 나와 있는 내용의 일부라도 취소할 의향이 있느냐고 루터에게 물었다. 그는 생각할 시간을 달라고 요청했고 황제는 이를 수락했다. 다음 날 황제 이외에는 아무도 앉을 자리가 없을 정도로 사람들이 가득 들어찬 홀에서 루터는 다시 심문관 앞에 섰다. 다시 한 번 자신의 주장을 철회할 마음이 있는가라는 질문을 받았을 때 루터는 다음과 같이 대답했다.

"성경의 증거와 명백한 이성에 비추어 나의 유죄가 증명되지 않는 이상 나는 교황과 공의회의 권위를 인정할 수 없습니다. 내 양심은 하느님의 말씀에 사로잡혀 있기 때문에 아무것도 취소할 수 없고 또 취소하지 않을 것입니다. 왜냐하면 양심에 어긋나는 행동을 한다는 것은 올바르지도 않고 안전하지도

---

[40] 신성 로마 제국의 선제후와 기타 제후들, 도시 대표들이 모여 제국의 중대사를 결정했던 회의 기구.

않기 때문입니다. 하느님이여, 저를 도와주소서, 아멘."

이것은 생명의 위협을 무릅쓴 용감한 신앙 고백이었다. 실제로 황제는 루터의 마음을 돌려보려고 했던 시도가 실패하자 루터가 국법 질서를 어지럽히는 이단자이기 때문에 그에 대한 모든 법적 보호를 박탈할 것이고 루터를 따르는 사람들도 마찬가지로 유죄 판결을 받을 것이라는 내용이 담긴 칙령에 서명했다. 이로써 그 누가 설사 루터를 해친다 하더라도 그 사람은 자신의 행위에 대한 어떤 법적 책임도 지지 않게 된 것이다.

이때 작센 선제후 프리드리히가 루터를 구하기 위해 다시 한 번 개입했다. 비텐베르크로 돌아가던 길에 루터는 선제후의 지시를 받은 무장 기마병들에 의해 바르트부르크 성(城)으로 안내되었고 그곳에서 일 년여 동안 세간의 관심을 피해 숨어 지낼 수 있었다. 그곳에서 완전히 고립된 생활을 하면서 루터는 불면증과 우울증에 시달렸고 지독한 변비 때문에 엄청난 고생을 했다. 바르트부르크에서의 생활은 육체적으로는 고통스러웠지만 루터는 그냥 시간을 낭비하지 않고 집필 활동을 계속했다. 이 가운데서 가장 기억할 만한 것은 『신약 성경』 전체를 그리스 어 원전으로부터 독일어로 번역하는 작업

이었다. 비록 루터 이전에도 독일어 성경이 존재하기는 했지만 1522년 출판된 루터의 독일어 『신약 성경』은 1534년 출간된 『구약 성경』과 함께 독일인들의 언어, 특히 문어체(文語體)의 발전과 종교 생활에 지속적으로 깊은 영향을 미쳤다. 사실 루터의 종교 개혁이 성공을 거둔 데에는 1450년경 독일인 구텐베르크(Johannes Gutenberg, 1398?~1468)에 의한 활판 인쇄술의 발명이 대단히 중요한 역할을 수행했다고 할 수 있다. 1521년 보름스 제국 의회가 루터의 저서들을 모두 불태우라는 결정을 내렸을 때 그 결정은 별로 성과를 거두지 못했는데, 왜냐하면 당시 이미 50만 부 가까이나 팔려 나간 루터의 책들을 모두 소각한다는 것은 사실상 불가능했기 때문이다. 만일 루터가 인쇄술이 발명되기 전에 활동했더라면 그의 가르침은 널리 확산되지 못하고 종교 개혁 역시 실패로 돌아갔을지도 모를 일이다. 인쇄술의 발달과 그로 인한 출판 시장의 성립은 루터의 새로운 교리가 급속도로 퍼져 나가 하나의 여론을 형성하는 것을 가능하게 만듦으로써 결과적으로 종교 개혁이 성공을 거두는데 크게 기여했다.

한편 루터가 바르트부르크에 머물고 있는 사이에 비텐베르크에서는 루터의 동료들에 의해 실질적인 종교 개혁이 진행되고 있었다. 본래 가톨릭교회에서는 라틴 어로 미사를 드리고 성만찬에서도 평신도들에게는 빵만 돌리고 포도주는 주지 않았지만 이제 비텐베르크에서는 독일어로 예배를 드렸으며 평신도들에게도 포도주를 돌리게 되었다.[41] 성모 마리아상을 비롯한 교회의 성상들은 파괴되었고 신부와 수도사, 수녀들이 결혼하기 시작했다. 앞으로 종교 개혁이 이루어진 지역에서 수도원은 더 이상 유지될 수 없을 것이었다. 비텐베르크로 다시 돌아온 루터 역시 그의 가르침을 받기 위해 수녀원을 탈출했던 전직 수녀 카타리나 폰 보라(Katharina von Bora, 1499~1552)와 1525년 결혼하여 가정을 꾸밈으로써 수도사의 삶을 완전히 청산했다. 가톨릭교회에서는 전직 수도사와 수녀가 결혼한 것을 놓고 비아냥거렸지만 루터가 보기에는 인위적으로 독신 생활을 강제하는 것이 오히려 비성경적이었고 도덕적 문제를 불러일으킬 가능성이 컸다.

  1525년은 루터의 개인적 삶에도 적지 않은 변화를 가져왔지만 독일 역사상으로도 가장 극적인 사건이 일어난 해였다. 루터의 종교 개혁은 단순히 종교적인 혁명에만 국한된 것은 아니었다. 특히 기독교인의 자유에 대한 루터의 옹호와 사제

---

41) 평신도들도 포도주를 받을 권리가 있다는 것은 본래 후스의 추종자들이 주장하던 바였다.

는 평신도와 서열상 완전히 다른 별개의 집단이 아니라 특정한 기능을 수행하도록 선발된 사람들이기 때문에 기본적으로 모든 사람들이 사제라는 루터의 가르침('만인 사제설')은 당시 봉건적인 억압 속에 시달리고 있던 독일 농민들에게는 하느님 앞에서는 모든 사람이 평등하다는 사회 혁명의 메시지로 이해되었다. 1524년부터 산발적으로 일어나던 농민들의 반란은 그 이듬해에 '농민 전쟁'이라는 이름에 걸맞게 독일 중부와 남부 지역을 휩쓴 대규모의 민중 봉기로 발전했다. 농민들은 영주들의 성과 수도원을 약탈하고 불태웠으며 지하실에 저장되어 있던 포도주를 모두 마셔 없애 버렸다. 농민군 지도자들은 자신들의 요구 사항을 기독교 평등주의적인 언어로 표현한 선언문인 「12개조(*Die Zwölf Artikel*)」를 작성하여 널리 유포시켰다. 12개조를 통해 농민들은 농민 공동체의 사제 선출권, 소(小) 십일조의 폐지, 농민들을 억압하는 농노제의 폐지, 농민들이 자유롭게 숲에서 사냥하고 물고기를 잡을 수 있는 권리 등을 주장했다. 때마침 급진적인 종교 개혁가 토마스 뮌처(Thomas Müntzer, 1489?~1525)도 하느님에 의해서 선택된 자들이 반(反)기독교적인 세상 권력을 무력을 통해서라도 뒤엎어야 한다고 주장하면서 뮐하우젠이라는 도시를 장악하고 반란을 일으킨 농민들과 연합 전선을 결성했다. 한편, 혁명적인 상황에 경악한 루터는 농민들의 반란을 단호하게 진압할 것을 제후들에게 촉구하는 글을 발표했다. 처음에는 농민군에 효과적으로 대응하지 못했던 제후들은 곧 전열을 가다듬고 반란 농민군들을 도처에서 격파하기 시작했고 뮌처 역시 사로잡혀 처형되고 말았다. 결국 농민 전쟁이 참담한 실패로 끝나자 반란에 동조했던 농민들은 루터를 자신들의 명분을 저버린 배신자로 비난했고 가톨릭 제후들은 이 재난의 책임을 전적으로 루터에게 돌렸다. 이후 독일 종교 개혁은 제후들을 비롯한 통치 집단이 루터의 교리를 수용하느냐 마느냐에 따라 그 성공 여부가 결정되기에 이르렀다.

루터의 교리를 수용한 제후와 도시들에 맞서 황제 카를 5세는 처음에는 적극적인 대처를 할 수 없었다. 왜냐하면 그는 신성 로마 제국의 황제이자 스페인의 국왕으로서 이탈리아에서 패권을 차지하기 위해 숙적 프랑스와 전쟁을 벌였을 뿐만 아니라 합스부르크 가문의 세습 영토인 오스트리아를 위협해 오는 튀르크 군과도 싸워야 했기 때문에 제국의 종교 문제를 해결하기 위해 모든 노력을 집중할 수 없었던 것이다. 이런 골치 아픈 문제가 어느 정도 해결되고 1529년 슈파이어에서 제국 의회가 소집되자 자신감을 얻은 황제와 가톨릭 제후들은 1521년 보름스 칙령의 원칙을 재확인함으로써 루터파의 분노를 샀다. 또한 슈파이어 제국 의회는 루터파 제후가 통치하는 지역에서 가톨릭 소수파에게는 종교의 자유를 허용하지만 가톨릭이 우세한 지역의 소수 루터파에게는 종교적 자유를 부여하지 않는 불공정한 결정도 내렸다. 그러자 루터파 제후들과 몇몇 도시들이 이 조처에 반대하는 항의문(Protestation)을 제출했는데 여기에서부터 개신교인을 가리키는 '프로테스탄트(Protestant)'라는 말이 유래하게 되었다.

위협을 느낀 루터파 진영은 1531년 '슈말칼덴 동맹'이란 군사 동맹체를 결성하여 황제가 주도하는 가톨릭 진영에 대항하고자 했다. 이에 맞서 교황과 동맹을 체결한 카를 5세는 슈말칼덴 동맹군을 공격하여 뮐베르크 전투에서 큰 승리를 거두기도 했지만 루터파 진영이 프랑스의 지원을 받아 황제에게 맞서자 그 어느 쪽도 제국의 결정적인 주도권을 장악할 수 없게 되었다. 이 와중에서 독일 종교 개혁의 지도자 루터는 1546년 자신의 고향 아이슬레벤에서 숨을 거두었다. 전쟁에 의한 제국의 종교적 통일이 불가능하다는 것을 깨달은 가톨릭과 루터파 진영은 1555년 남부 독일의 도시 아우크스부르크에서 열린 종교 화의를 통해 마침내 타협에 이르렀다. 즉, '지역을 통치하는 자가 종교를 결정한다(cuius regio, eius religio)'는 원칙에 따라 신성 로마 제국의 제후들은 가톨릭이

나 루터파 중에서 하나를 선택할 수 있는 자유를 획득하게 된 것이다. 통치자가 선택한 종교에 불만이 있는 백성들은 재산을 팔고 다른 곳으로 이주해야만 했다. 아우크스부르크 종교 화의로 루터파는 이제 반드시 없어져야 할 이단 분파가 아니라 가톨릭과는 구별된 합법적인 종교로 공식적인 인정을 받게 되었다. 하지만 종교 화의의 결정이 모든 개인의 신앙적 자유를 인정한 것은 아니었고 제국의 종교적 분쟁이 이로써 완전히 해결된 것도 아니었다. 종교적 관용은 결코 하루아침에 이루어지지 않았던 것이다.

## 신화인가, 사실인가? 루터의 95개조 반박문 게시

일반적으로 독일 종교 개혁은 마르틴 루터가 1517년 비텐베르크 교회의 문에 95개조 반박문을 게시하면서 시작된 것으로 알려져 있다. 하지만 오늘날 상당수의 루터 연구가와 역사가들은 이것이 하나의 신화에 불과한 것으로 보고 있다. 사실, 루터가 반박문을 공개적으로 교회 문에 붙였다고 하는 이야기는 그의 동역자인 필립 멜란히톤(Philipp Melanchthon, 1497~1560)에 의해 처음 제기되었다. 하지만 멜란히톤이 대학교수로 비텐베르크에 온 것은 1518년의 일이기 때문에 자신의 눈으로 그 사건을 직접 목격한 것은 아니었다. 게다가 이 주장은 루터가 죽은 다음에야 비로소 제기되었고 루터 자신은 살아생전 이 중요한 사건에 대해서 한 번도 언급한 적이 없다.

많은 역사학자들이 진실이라고 보는 것은 다음과 같다. 즉, 루터는 1517년 10월 31일 면벌부 판매 관행을 비판하는 편지를 마인츠 대주교에게 보내면서 그 편지에 95개조 반박문을 함께 동봉했던 것이다. 다만, 루터가 면벌부에 대한 공개 토론을 촉구하는 전단을 교회 문에 붙이도록 했을 가능성은 있다. 루터가 95개조 반박문을 작성한 것이 광범위한 대중들을 위해서가 아니라 신학자, 종교 지도자들과의 논쟁을 위해서였다는 것은 이 문서가 원래 독일어가 아닌 라틴 어로 기록되었다는 사실에 의해서도 뒷받침된다. 그럼에도 불구하고 여전히 많은 사람들은 루터가 반박문을 교회 문에 붙였다고 굳게 믿고 있으며 국내의 독일사 및 종교 개혁사 관련 서적 가운데 상당수도 이 이야기를 여과 없이 그대로 수록하고 있다.

4

# 개신교는
# 왜 여러 교파로
# 나뉘게 되었을까?

- 츠빙글리가 시작한 종교 개혁은 어떻게 진행되었을까?
- 칼뱅의 종교 개혁은 어떻게 진행되었을까?
- 재세례파란 무엇일까?
- 성공회(영국 국교회)란 무엇일까?

루터의 로마 가톨릭교회와의 최초의 근본적 분리는 단지 그 이후에 계속될 분열의 시작에 불과했다. 프로테스탄트 내부의 분열 역시 로마 교회와의 분리 못지않게 지속적인 것임이 드러났던 것이다.

— 역사학자 스티븐 오즈먼트

기독교에 대해 조금이라도 관심이 있는 사람은 다 알고 있겠지만 통일된 교회 조직을 갖추고 있는 로마 가톨릭교회와는 달리 개신교 쪽은 장로교, 감리교, 침례교 등 여러 교파로 나뉘어 있다. 게다가 마르틴 루터로부터 비롯된 루터 교회는 독일과 스칸디나비아 반도, 미국 등을 제외하면 그리 많이 찾아볼 수 없고 이러한 사정은 우리나라에서도 마찬가지이다. 16세기 종교 개혁은 마르딘 루터로부터 비롯되었고 개신교에서 루터가 차지하는 비중이 적지 않음에도 불구하고 개신교가 루터 교회로 통일되지 못하고 여러 교파로 나뉜 이유는 무엇일까? 이 물음에 대답하기 위해서는 먼저 루터 외에도 16세기 유럽에 다수의 종교 개혁가들이 있었다는 점을 기억하는 것으로부터 출발해야한다.

## 츠빙글리가 시작한 종교 개혁은
어떻게 진행되었을까?

　16세기 종교 개혁은 대체로 도시를 중심으로 해서 일어났다. 루터의 종교 개혁이 작센 지방의 비텐베르크를 중심으로 다른 지역으로 퍼져 나간 것처럼 다른 지역의 종교 개혁 역시 도시를 중심으로 전개되어 나갔다. 특히 이 과정에서 핵심적인 역할을 수행했던 것이 스위스의 도시들이었다. 스위스는 비록 영토는 넓지 않지만 오늘날에도 네 개의 언어(독일어, 프랑스 어, 이탈리아 어, 레토로망슈[42])가 공용어로 쓰이고 '칸톤(canton)'이라고 불리는 주(州)가 광범위한 자치권을 갖고 있는 연방제 국가로서 독일과 마찬가지로 지방 분권적인 전통이 강한 나라였다. 16세기의 스위스 종교 개혁에서는 독일어권에 속한 취리히와 프랑스 어권에 속한 제네바(주네브)가 중요한 역할을 담당했다.
　그럼 먼저 취리히에서 활약한 종교 개혁가인 울리히 츠빙글리(Ulrich Zwingli, 1484~1531)부터 살펴보도록 하자. 1484년 스

---

42) 스위스 국민의 1퍼센트 미만이 사용하는 지방 방언으로 주로 그라우뷘덴 주에서만 쓰인다.

위스 북부의 산골 마을 빌트하우스에서 태어난 츠빙글리는 바젤, 베른, 빈 대학에서 공부하면서 인문주의[43]의 영향을 깊이 받았다. 1506년 사제가 된 이후로 밤을 새워 가며 그리스어로 된 신약 성경을 탐독했던 츠빙글리는 용병 부대의 종군 사제로 이탈리아에 갔다가 수많은 스위스 용병들이 전쟁터에서 죽어 가는 끔찍한 참상을 목격한 후 용병 제도에 반대하는 입장을 취하기도 했다. 그는 뛰어난 설교로 명성을 얻었고 1518년에는 스위스의 가장 중요한 도시 중의 하나인 취리히의 대성당 소속 교구 사제로 임명되었다. 츠빙글리는 1519년 취리히에서 창궐한 무서운 전염병으로 죽을 고비를 넘기면서 영적 체험을 하게 되었고 루터의 글들을 자세히 연구하면서 대중들에게 설교를 통해 오직 복음적으로 해석된 성경에 따라서만 살아갈 것을 촉구했다. 그의 설교를 들은 취리히 시민들은 점차 사순절[44] 기간 동안의 금식이나 성상 숭배와 같은 가톨릭의 관행들을 비성경적인 것으로 공격하게 되었고 츠빙글리는 시민들의 이런 태도를 적극적으로 변호했다. 그는 1523년 취리히

---

43) 르네상스 때, 고대 그리스·로마의 고전 문화에 토대를 두고 기존의 전통적인 가치 체계를 비판했던 교육·문화 운동.
44) 기독교에서 부활절을 준비하는 40일간의 참회 기간으로 서방 라틴 교회에서는 이 기간을 금식 기간으로 정했다.

시 의회가 개최한 공개 토론회에서 교황의 수위권, 수도원, 성인 숭배, 연옥 교리 등을 인간이 고안해 낸 것으로 비판했고 모국어로 예배를 드릴 것과 성만찬 때에 평신도들이 빵만 아니라 포도주도 받을 수 있어야 한다고 주장했다. 시 의회는 츠빙글리의 견해를 지지했고 취리히는 1524~25년에 그의 개혁안에 따라 실질적인 종교 개혁을 수행했다. 한편, 1522년 과부 안나 라인하르트(Anna Reinhart, 1484?~1538)와 비밀리에 결혼했던 츠빙글리는 2년 뒤에 공식적으로 그녀와 결혼식을 올림으로써 루터와 마찬가지로 성직자의 결혼을 스스로 실천했다.

그런데 츠빙글리가 주장한 예배 개혁은 루터보다도 훨씬 급진적인 데가 있었다. 비록 비텐베르크에서 교회 성상들이 파괴되었던 것은 사실이지만 루터 자신은 이런 행위가 무질서하게 불법적으로 이루어진 것에 대해 비판적인 태도를 취했다. 그는 성상 파괴론자들을 향해 악용되는 대상을 없애 버리기만 하면 악습이 사라질 것으로 오해하지 말라고 충고했다. 그가 볼 때 함부로 성상들을 제거하는 것은 마치 해와 달, 별들이 사람들의 예배 대상이 된다고 해서 그것들을 하늘에서 없애려고 하는 어리석은 행위와 별반 다를 것이 없었다. 사실 루터의 종교 개혁에서 성상파괴주의는 일시적이고 부차적인 문제에 지나지 않았다. 따라서 오늘날 독일의 유서 깊은 루터교 교회를 방문했을 때 성상과 성화들이 교회 내부를 장식하고 있다고 해서 너무 놀랄 필요는 없다. 하지만 루터와 달리 츠빙글리는 감각에 호소하는 종교를 철저히 거부했다. 1524년 취리히 시가 시내에 있는 교회들의 성상과 성화들을 제거하는 조처를 취했을 때 츠빙글리는 모든 장식이 제거된 교회 벽을 보고 "흰 벽이 무척 아름답구나."라고 감탄했다.

교회 음악 문제에서도 두 사람은 서로 다른 태도를 보였다. 루터는 음악을 하느님이 주신 선물로 간주했고 그 자신이 1524년 23곡의 찬송이 담긴 찬송가집을 펴내기도 했다. 종교개혁의 군가(軍歌)라고 할 수 있는 「내 주는 강한 성이요(*Ein feste Burg ist unser Gott*)」도 루터의 작품이었다. 하지만 츠빙글리는 그 자신이 상당한 음악적인 재능을 갖고 있었음에도 불구하고 교회 음악에 대해서는 아주 부정적인 견해를 보였다. 그에 의하면 교회 음악은 '노래하는 바보들'이 아무도 알아듣지 못하게 중얼거리는 것에 불과했고 심지어는 예배할 때 오르간을 사용하는 것조차 전면 금지할 것을 주장했다. 다른 종교 개혁가들이 찬송가의 장점을 이야기하면서 츠빙글리를 설득하려고 애썼지만 소용이 없었고 결국 취리히에서는 츠빙글리가 죽고 나서도 한동안은 예배 시간에 어떠한 음악 소리도들을 수 없었다.

츠빙글리의 종교 개혁은 취리히로부터 시작해서 바젤이나 베른과 같은 스위스의 다른 주요 도시들은 물론 스트라스부르[45])의 경우에서 보는 것처럼 남부 독일의 도시들에게까지 확산되어 나갔다. 이 과정에서 종교 개혁에 따른 신학적 문제를 놓고 두 지도적인 종교 개혁가인 루터와 츠빙글리 사이에서 대립이 일어났다. 특히 성찬식 문제를 놓고 두 사람은 각기 다른 입장을 보였다. 루터와 츠빙글리는 가톨릭교회에서 사제가 미사를 거행할 때 빵과 포도주의 실체가 그리스도의 살과 피로 변한다는 화체설에 대해서는 똑같이 반대 입장을 분명히 했다. 그러나 루터가 성찬식을 거행할 때 그리스도가 실제로 빵과 포도주에 임한다고 믿었던 것에 반해 츠빙글리에게 성찬식은 그리스도의 희생을 기념하는 의식일 뿐이었다. 성찬식의 해석 문제가 그렇게도 중요한 쟁점인가라고 의아하게 생각할 사람들도 있겠지만 두 종교 개혁가들에게는 굉장히 중요한 논쟁거리였다. 츠빙글리가 보기에 성만찬에 대한 루터의 견해는 불합리한 가톨릭적 미신의 잔재였고

---

45) 스트라스부르는 현재 프랑스 도시지만 종교 개혁 당시 이 도시는 신성 로마 제국에 속해 있었다. 독일어로는 슈트라스부르크.

루터가 보기에 츠빙글리의 해석은 시공간의 한계를 초월하는 그리스도의 편재성(遍在性)을 부정하는 불경스러운 것이었다. 루터와 츠빙글리 사이에 생긴 교리상의 다툼을 해결하고 분열된 개신교 진영을 가톨릭에 맞서 싸울 하나의 정치·군사적 동맹 조직으로 통합하기 위해서 1529년 독일 중부에 위치한 마르부르크에서 종교 회담이 개최되었다. 하지만 이 회담에서도 결국 성찬식 문제 때문에 두 지도자는 최종적인 합의에 도달할 수 없었다. 더욱이 전체 개신교인들의 동맹 체결에 상당히 적극적이었던 츠빙글리와는 달리 루터는 복음을 무력으로 방어한다는 생각 자체를 그리 달가워하지 않았기 때문에 통합에 적극적으로 나서지 않았다. 마르부르크 종교 회담의 실패는 개신교 진영이 하나의 교리와 조직으로 통일된 교회 공동체를 이룬다는 것이 얼마나 어려운 일인가를 잘 보여 주고 있다.

당시 스위스는 독일과 마찬가지로 개신교와 가톨릭 진영으로 분열되어 있었다. 취리히, 바젤, 베른과는 달리 전통적으로 스위스 연방의 핵심을 이루었던 우리, 슈비츠, 운터발덴, 추크, 루체른 등 삼림 지대의 칸톤들은 가톨릭 신앙을 굳건히 고수했다.[46] 스위스의 개신교 진영을 이끌었던 취리히는 가톨릭을 고수하는 칸톤들과 스위스의 종교적 주도권을 차지하기 위해 두 차례에 걸친 전쟁을 벌였다. 1531년 가톨릭 진영이 취리히를 공격해 오자 츠빙글리는 직접 갑옷을 입고 나가 싸웠다. 츠빙글리는 비록 용병 제도 자체는 반대했지만 루터와는 달리 조국을 위해서나 신앙을 위해서라면 무력을 사용하는 것도 서슴지 않았다. 이 카펠 전투에서 취리히는 패배했고 츠빙글리 역시 전사하고 말았다. 그의 시체는 훼손된 채 불태워졌다. 하지만 이로써 스위스의 종교 개혁이 끝장난 것은 아니었다. 뒤이은 강화 조약에서 각 칸톤에게는 내부의 종교 문제를 결정할 수 있는 완전한 권리가 주어졌고 이후 스위스에는 두 가지 종교가 함께 공존하게 되었다. 한편, 츠빙글리의 갑작스러운 죽음 이후 취리히의 종교 개혁 운동은 루터와 쌍벽을 이룰 만큼 영향력 있었던 종교 개혁가 한 사람에 의해 점차 퇴색하고 말았다. 그 사람은 프랑스 출신의 장 칼뱅(Jean Calvin, 1509~1564)이었다.

---

46) 스위스 연방은 1291년 우리, 슈비츠, 운터발덴의 칸톤 대표들이 합스부르크 가문의 간섭에 반대하여 서로 협력할 것을 서약한 것에서부터 비롯되었다. 스위스는 명목상으로는 신성 로마 제국의 일부였으나 종교 개혁 시기에는 이미 사실상의 독립을 획득한 상태였다. 유럽 국가들이 스위스의 독립을 공식적으로 인정한 것은 1648년 베스트팔렌 강화 조약을 통해서였다.

적인 문제에 지나지 않았다. 따라서 오늘날 독일의 유서 깊은 루터교 교회를 방문했을 때 성상과 성화들이 교회 내부를 장식하고 있다고 해서 너무 놀랄 필요는 없다. 하지만 루터와 달리 츠빙글리는 감각에 호소하는 종교를 철저히 거부했다. 1524년 취리히 시가 시내에 있는 교회들의 성상과 성화들을 제거하는 조처를 취했을 때 츠빙글리는 모든 장식이 제거된 교회 벽을 보고 "흰 벽이 무척 아름답구나."라고 감탄했다.

교회 음악 문제에서도 두 사람은 서로 다른 태도를 보였다. 루터는 음악을 하느님이 주신 선물로 간주했고 그 자신이 1524년 23곡의 찬송이 담긴 찬송가집을 펴내기도 했다. 종교개혁의 군가(軍歌)라고 할 수 있는 「내 주는 강한 성이요(*Ein feste Burg ist unser Gott*)」도 루터의 작품이었다. 하지만 츠빙글리는 그 자신이 상당한 음악적인 재능을 갖고 있었음에도 불구하고 교회 음악에 대해서는 아주 부정적인 견해를 보였다. 그에 의하면 교회 음악은 '노래하는 바보들'이 아무도 알아듣지 못하게 중얼거리는 것에 불과했고 심지어는 예배할 때 오르간을 사용하는 것조차 전면 금지할 것을 주장했다. 다른 종교 개혁가들이 찬송가의 장점을 이야기하면서 츠빙글리를 설득하려고 애썼지만 소용이 없었고 결국 취리히에서는 츠빙글리가 죽고 나서도 한동안은 예배 시간에 어떠한 음악 소리도들을 수 없었다.

　츠빙글리의 종교 개혁은 취리히로부터 시작해서 바젤이나 베른과 같은 스위스의 다른 주요 도시들은 물론 스트라스부르[45)]의 경우에서 보는 것처럼 남부 독일의 도시들에게까지 확산되어 나갔다. 이 과정에서 종교 개혁에 따른 신학적 문제를 놓고 두 지도적인 종교 개혁가인 루터와 츠빙글리 사이에서 대립이 일어났다. 특히 성찬식 문제를 놓고 두 사람은 각기 다른 입장을 보였다. 루터와 츠빙글리는 가톨릭교회에서 사제가 미사를 거행할 때 빵과 포도주의 실체가 그리스도의 살과 피로 변한다는 화체설에 대해서는 똑같이 반대 입장을 분명히 했다. 그러나 루터가 성찬식을 거행할 때 그리스도가 실제로 빵과 포도주에 임한다고 믿었던 것에 반해 츠빙글리에게 성찬식은 그리스도의 희생을 기념하는 의식일 뿐이었다. 성찬식의 해석 문제가 그렇게도 중요한 쟁점인가라고 의아하게 생각할 사람들도 있겠지만 두 종교 개혁가들에게는 굉장히 중요한 논쟁거리였다. 츠빙글리가 보기에 성만찬에 대한 루터의 견해는 불합리한 가톨릭적 미신의 잔재였고

---

45) 스트라스부르는 현재 프랑스 도시지만 종교 개혁 당시 이 도시는 신성 로마 제국에 속해 있었다. 독일어로는 슈트라스부르크.

루터가 보기에 츠빙글리의 해석은 시공간의 한계를 초월하는 그리스도의 편재성(遍在性)을 부정하는 불경스러운 것이었다. 루터와 츠빙글리 사이에 생긴 교리상의 다툼을 해결하고 분열된 개신교 진영을 가톨릭에 맞서 싸울 하나의 정치·군사적 동맹 조직으로 통합하기 위해서 1529년 독일 중부에 위치한 마르부르크에서 종교 회담이 개최되었다. 하지만 이 회담에서도 결국 성찬식 문제 때문에 두 지도자는 최종적인 합의에 도달할 수 없었다. 더욱이 전체 개신교인들의 동맹 체결에 상당히 적극적이었던 츠빙글리와는 달리 루터는 복음을 무력으로 방어한다는 생각 자체를 그리 달가워하지 않았기 때문에 통합에 적극적으로 나서지 않았다. 마르부르크 종교 회담의 실패는 개신교 진영이 하나의 교리와 조직으로 통일된 교회 공동체를 이룬다는 것이 얼마나 어려운 일인가를 잘 보여 주고 있다.

당시 스위스는 독일과 마찬가지로 개신교와 가톨릭 진영으로 분열되어 있었다. 취리히, 바젤, 베른과는 달리 전통적으로 스위스 연방의 핵심을 이루었던 우리, 슈비츠, 운터발덴, 추크, 루체른 등 삼림 지대의 칸톤들은 가톨릭 신앙을 굳건히 고수했다.[46] 스위스의 개신교 진영을 이끌었던 취리히는 가톨릭을 고수하는 칸톤들과 스위스의 종교적 주도권을 차지하기 위해 두 차례에 걸친 전쟁을 벌였다. 1531년 가톨릭 진영이 취리히를 공격해 오자 츠빙글리는 직접 갑옷을 입고 나가 싸웠다. 츠빙글리는 비록 용병 제도 자체는 반대했지만 루터와는 달리 조국을 위해서나 신앙을 위해서라면 무력을 사용하는 것도 서슴지 않았다. 이 카펠 전투에서 취리히는 패배했고 츠빙글리 역시 전사하고 말았다. 그의 시체는 훼손된 채 불태워졌다. 하지만 이로써 스위스의 종교 개혁이 끝장난 것은 아니었다. 뒤이은 강화 조약에서 각 칸톤에게는 내부의 종교 문제를 결정할 수 있는 완전한 권리가 주어졌고 이후 스위스에는 두 가지 종교가 함께 공존하게 되었다. 한편, 츠빙글리의 갑작스러운 죽음 이후 취리히의 종교 개혁 운동은 루터와 쌍벽을 이룰 만큼 영향력 있었던 종교 개혁가 한 사람에 의해 점차 퇴색하고 말았다. 그 사람은 프랑스 출신의 장 칼뱅(Jean Calvin, 1509~1564)이었다.

---

46) 스위스 연방은 1291년 우리, 슈비츠, 운터발덴의 칸톤 대표들이 합스부르크 가문의 간섭에 반대하여 서로 협력할 것을 서약한 것에서부터 비롯되었다. 스위스는 명목상으로는 신성 로마 제국의 일부였으나 종교 개혁 시기에는 이미 사실상의 독립을 획득한 상태였다. 유럽 국가들이 스위스의 독립을 공식적으로 인정한 것은 1648년 베스트팔렌 강화 조약을 통해서였다.

## 칼뱅의 종교 개혁은 어떻게 진행되었을까?

우리나라의 개신교 교파 중에서 가장 큰 교단이 장로교이고 장로교의 신학적 기초를 쌓은 인물이 칼뱅이라는 점을 고려하면 칼뱅이 종교 개혁의 역사에서 얼마나 중요한 비중을 차지하는지를 쉽게 짐작할 수 있을 것이다. 루터나 츠빙글리보다 훨씬 나이가 어렸던 칼뱅은 1509년 프랑스 북부 피카르디 지방의 노와용에서 태어났다. 루터가 그랬던 것처럼 칼뱅도 아버지의 결정에 따라 오를레앙과 부르주 대학에서 법학을 공부했다. 하지만 아버지가 죽자 법학을 포기하고 파리로 와서 인문주의자들과 교류하면서 그리스 어와 히브리 어를 공부하였다. 1532년에는 고대 로마의 철학자 세네카(Lucius Annaeus Seneca, B.C. 4?~A.D. 65)[47]가 네로 황제의 포악한 행위를 견제하기 위해 썼던 「관용론(*De Clementia*)」을 논평한 책을 출판하기도 했다. 칼뱅이 독일에서부터 시작된 종교 개혁의 교리에 깊이 공감하게 된 것은 바로 이 책이 출간된 지 얼마 지나지 않아서였다. 하지만 프랑스에서 종교 개혁은 순탄

---

47) 고대 로마의 금욕적인 스토아주의 철학자이자 정치가로 네로 황제의 스승이었다.

하게 진행되지 않았다. 당시 프랑스 당국은 1534년 가톨릭교회의 미사를 비난하는 벽보가 파리 시내에 나붙은 것을 계기로 종교 개혁을 옹호하는 사람들을 대대적으로 탄압하고 있었던 것이다.

이에 신변의 위협을 느낀 칼뱅은 스위스 바젤로 망명의 길을 떠났고 그곳에 머물면서 집중적으로 신학 연구에 몰두했다. 이 신학 연구의 결과물이 1536년 바젤에서 라틴 어로 출간된 『기독교 강요(*Institutio Christianae Religionis*)』였다. 본래 프랑스의 개신교인들을 박해했던 국왕 프랑수아 1세(François I, 1494~1547)에게 프로테스탄트 신앙을 제대로 알릴 목적으로 쓰인 기독교 강요는 개혁파 개신교[48]의 주요 교리와 기독교인의 올바른 생활을 교리 문답 형식으로 서술한 책이었다. 루터의 신학 사상이 믿음에 의한 구원으로부터 출발하고 있다면 칼뱅은 무엇보다도 하느님을 아는 지식을 중시했고 하느님은 태초부터 구원받을 사람과 멸망당할 사람을 예정해 놓았다는 예정설(豫定說, predestination)을 강조했다. 칼뱅이 볼 때, 진정한 기독교 신자들은 하느님이 자신을 태초부터 선택

---

[48] 종교 개혁 이후 루터파와 달리 츠빙글리와 칼뱅의 신학 사상에 영향 받은 개신교 교파를 부르는 명칭.

하셨다는 확신을 갖기 때문에 어떤 고통과 시련이 닥친다할지라도 하느님의 영광을 드러내고 하느님의 뜻을 성취하기 위해 노력한다는 것이다.

『기독교 강요』를 쓰고 나서 칼뱅은 종교 개혁을 추진하기 위해 여러 지역을 여행하다가 1536년 7월 우연히 제네바에 들르게 되었다. 여기서 잠시 제네바의 당시 상황에 대해서 간략하게 살펴보도록 하자. 원래 제네바는 중세 이래로 주교와 사보이 가문[49]이 사실상의 지배권을 행사하고 있던 도시였는데 1520년대부터 제네바 시민들이 이들에 맞서 독립 투쟁을 전개해 나가고 있었다. 제네바의 독립 투쟁에 큰 도움을 주었던 동맹 세력은 스위스의 베른 시였는데 베른은 앞에서도 언급했듯이 츠빙글리 종교 개혁을 수용한 도시였다. 베른의 영향을 받아 1532년부터 제네바에서도 종교 개혁 운동이 일어나게 되었고 이 과정에서 결정적인 역할을 한 인물이 칼뱅과 마찬가지로 프랑스 출신이었던 기욤 파렐(Guillaume Farel, 1489~1565)이었다. 칼뱅이 제네바에 도착했던 1536년은 이 도시가 주교와 사보이 가문으로부터 독립을 쟁취한 것과 함

---

[49] 이탈리아 북서부 지역을 다스렸던 가문으로 19세기에는 이탈리아 통일 운동에 크게 기여했다.

께 시민들이 투표에 의해 공식적으로 가톨릭교회로부터 떨어져 나갈 것을 결정한 해였다. 혼자서 제네바의 종교 개혁을 완수하는 것이 어렵다고 판단한 파렐은 칼뱅을 만나서 이 능력 있는 젊은 신학자에게 제네바에 계속 머물러 줄 것을 요청했다. 칼뱅은 처음에는 주저했다. 칼뱅이 나중에 회고한 바에 따르면 당시 제네바 사람들은 우상(성상)을 찾아 불태우는 일에는 능숙했지만 정작 제대로 된 개혁은 하지 못했고 모든 것이 너무나 혼란스러웠다는 것이다. 하지만 파렐이 만일 하느님의 뜻에 순종하지 않으면 하느님의 심판을 받게 될 것이라고 위협하자 칼뱅도 마음을 고쳐먹고 제네바에서 파렐과 함께 종교 개혁을 추진하기로 결심했다. 루터의 종교 개혁이 본래 자신이 태어나고 성장한 작센 지역에서 이루어졌다면 칼뱅의 종교 개혁은 이렇듯 전혀 자신과는 연고가 없었던 제네바에서 우연한 계기를 통해 시작되었던 것이다.

제네바에서 칼뱅은 곧 개혁 운동의 중심인물로 부상했지만 그의 개혁 시도는 얼마 가지 않아 어려움에 직면하게 되었다. 1537년 그는 파렐과 함께 질서와 규율이 제대로 잡힌 교회를 만들기 위한 몇 가지 계획들을 시 당국에 제시했다. 그중 핵심적인 것은 매달 실시하는 성찬식, 교리 문답 교육, 교회에 반발하는 사람들을 출교(黜敎)시킬 수 있는 권리 등으로 한마디로 말해서 교회의 자율권을 강화하기 위한 조치들이었다. 하지만 제네바 시 당국은 겨우 칼뱅 같은 이방인의 명령이나 따르려고 자신들이 힘겹게 독립을 쟁취한 것은 아니라고 생각했다. 칼뱅과 파렐이 계속 자신들의 주장을 굽히지 않자 시 당국은 1538년 귀찮은 두 사람을 도시에서 추방시켜 버렸다. 제네바에서 추방된 후 칼뱅은 파렐과 헤어져 신성 로마 제국의 도시였던 스트라스부르로 향했다. 그곳에서 머문 3년 동안 칼뱅은 프랑스 피난민들의 교회를 맡아 목사로 일하면서 마르틴 부처(Martin Bucer, 1491~1551),[50] 필립 멜란히톤 같은 독일의 종교 개혁가들과도 교류를 갖고 『기독교 강요』 증보판을 내는 등 활발한 활동을 벌였다. 1540년 그가 결혼한 곳도 바로 스트라스부르에서였다.

그 사이에 제네바에서는 칼뱅을 추방하는 데 앞장섰던 사람들이 권력을 박탈당하고 추기경 자코포 사돌레토(Jacopo Sadoleto, 1477~1547)[51]가 도시 전체를 가톨릭으로 다시 복귀시키려고 노력하는 등 혼란스러운 상황이 연출되었다. 그

---

50) 스트라스부르의 종교 개혁가로 서로 대립하고 있던 종교 개혁 진영의 일치를 위해 노력했다.

51) 16세기 기독교 세계의 분열을 막고 가톨릭교회의 개혁을 위해 노력했던 추기경이자 인문주의자.

러자 제네바의 개신교인들은 칼뱅 이외에는 자신들을 이끌어 줄만한 지도자가 없다고 생각하고 그의 귀환을 촉구했고 이들의 간청에 못 이겨 칼뱅은 1541년 다시 제네바로 되돌아왔다. 이제 제네바 시 당국은 칼뱅이 작성한 '교회 법령(Ordonnances ecclésiastiques)'이라는 종교적 헌법을 채택했는데 이것은 이후 다른 여러 지역에 세워진 개혁파 교회 조직의 기본 모델이 되었다. 이 법령에 따라 교회의 목사, 장로, 집사 등의 기본 임무가 규정되었고 목사들과 평신도인 장로들로 구성되는 '교회 법원(Consistoire)'이 만들어졌다. 교회 법원은 종교적인 문제와 교회 규율에 관련된 문제를 다루었고 무엇보다도 신자들이 교회법을 어기고서도 회개하지 않을 경우 그 당사자를 교회에서 내쫓을 수 있는 출교권을 보유하게 되었다. 비록 칼뱅은 시의 관리가 아니라 영향력 있는 목사에 불과했지만 그는 제네바 시 당국을 설득하여 시민들이 금욕적이고 경건한 생활만을 영위하도록 강제할 수 있는 각종 규제 조항들을 만드는데 성공했다. 예를 들자면, 일요일에 내기를 하거나 집시들에게 점을 치러 가고 하느님을 모독하는 말을 하는 사람들은 처벌받았고 선술집은 모두 문을 닫아야 했다. 무도회는 금지되었고 여관 주인들은 성경을 사람들 눈에 잘 띄는 곳에 놓아야 했으며 주사위나 카드놀이도 허락해서는 안 되었다. 그밖에도 제네바 시 당국은 가톨릭 관습의 잔재를 없애기 위한 조처들도 도입했는데 갓 태어난 아이의 이름을 지을 때 성경에는 나오지 않는 가톨릭 성자들의 이름을 붙일 수 없도록 한 규정이 그 대표적인 경우였다. 심지어는 미사용 잔을 제작한 금 세공업자나 가톨릭 사제의 머리를 깎아 준 이발사, 교황을 좋은 사람이라고 말한 적이 있는 사람들조차도 당국의 처벌로부터 자유롭지 못했다.

당연히 이런 엄격한 조처들에는 적지 않은 반발이 뒤따랐다. 칼뱅은 자신을 암살하겠다고 위협하는 익명의 쪽지를 받기도 했고 1555년에는 칼뱅에 반대하는 소규모 폭동이 일어나기도 했다. 하지만 칼뱅에 대한 저항은 성공을 거두지 못했고 제네바는 오히려 유토피아적인 기독교 사회를 꿈꾸는 유럽 각처의 이민자들이 몰려드는 중심지가 되었다. 처음에 시 당국은 이들 이방인들을 받아들이려고 하지 않았지만 칼뱅의 설득으로 이민자들은 제네바의 시민 자격을 획득할 수 있었다. 당시 제네바 인구는 원래 1만 3000명 정도였는데 무려 6,000명에 달하는 외국인들이 새로운 시민이 된 것이다. 이제 제네바는 성도들의 도시가 되었고 개신교의 로마가 되었다. 특히 1559년에 설립된 신학교인 '제네바 아카데미'는 유럽의 개혁파 개신교 신학 교육의 중심지가 되었고 이 신학교에서 공부한 수백 명의 목사들이 프랑스, 네덜란드, 잉글랜드, 스코틀랜드, 독일 등으로 파송되었다. 스코틀랜드의 장로교(Presbyterian Church)와 잉글랜드(나중에는 미국)의 청교도주의(Puritanism), 위그노(Huguenot)로 불리던 프랑스의 개신교인들 모두 칼뱅의 신학 사상에 영향을 받았던 것에서 알 수 있는 것처럼 칼뱅이 1564년 죽을 때쯤에는 그는 종교 개혁가들 가운데에서 거의 유일하게 국제적인 개혁자가 되어 있었다.

## 재세례파란 무엇일까?

종교 개혁의 역사를 서술하면서 흔히 빠트리기 쉬운 것이 재세례파(再洗禮派, Anabaptist)에 관한 부분이다. 재세례파는 비록 루터, 츠빙글리, 칼뱅에 견줄 만한 두드러진 지도자를 배출하지는 못했지만 이후 개신교의 역사에서 결코 간과할 수 없는 중요한 역할을 수행했다. 간단히 말해서 재세례파는 유아 세례를 거부하는 교파이다. 따라서 오늘날 침례교[52]와

---

52) 오늘날 미국의 개신교 중에서 침례교는 가장 많은 신도를 갖고 있는 교파 중의 하나이다.

같이 유아 세례를 인정하지 않는 개신교의 교파들은 모두 재세례파로부터 직간접적인 영향을 받았다고 말할 수 있다. 가톨릭교회는 물론 루터, 칼뱅 같은 지도적인 종교 개혁가들도 유아 세례를 인정했지만 재세례파에 속한 사람들은 갓 태어난 아이는 아직 자발적인 믿음을 가질 수가 없기 때문에 유아 세례를 받는 것은 의미가 없고 성인이 되어서 자기 의지에 따라 받는 세례만이 진정한 세례라고 보았다.

재세례파는 세례 문제 외에도 여러 가지 면에서 기존 교회와는 상당히 다른 신앙관을 갖고 있었다. 그들은 교회는 자기 삶에서 신앙의 명백한 열매를 보여 주는 진정한 신자들로만 구성되어야 하기 때문에 지역 사회 자체와 결코 동일시될 수 없고 더 나아가 교회와 국가는 완전히 분리되어야 한다고 생각했다. 대부분의 재세례파들은 초기 기독교인들이 그랬던 것처럼 사회 질서를 유지하고 정의로운 전쟁을 수행한다는 명목으로 무력을 사용하는 것을 거부했으며 예수 그리스도의 산상 수훈(山上垂訓)[53]에 근거하여 어떤 종류의 맹세나 서약도 하지 않았다. 따라서 재세례파 신자들은 군인이나 행정관으

---

53) 예수가 갈릴리 호숫가의 산 위에서 기독교인이 지켜야할 윤리적 규범에 대하여 행한 설교.「마태복음」5~7장에 실려 있음.

로 국가에 봉사할 수 없었다. 재세례파는 도덕적으로도 타의 추종을 불허하는 엄격한 생활을 준수했는데 이들의 엄격한 도덕 수준은 그 반대파들조차도 인정하지 않을 수 없을 정도였다. 예를 들어, 금욕적인 생활을 강조했던 가톨릭의 수도원은 물론 종교 개혁가 루터조차도 술 마시는 행위 자체를 완전히 금지하지는 않았던 데 반해 신실한 재세례파 신자들은 알코올음료를 절대 입에 대려고 하지 않았다.

재세례파는 자신들의 철저한 종교적 신념으로 말미암아 초창기부터 가톨릭과 개신교 지역을 막론하고 유럽 도처에서 박해를 받았다. 세속 당국이 볼 때 군복무와 충성 서약을 거부하는 재세례파는 사회의 통합을 저해하는 위험한 집단으로 비춰졌다. 루터와 츠빙글리 같은 종교 개혁가들도 재세례파를 불온하게 여긴 것은 마찬가지였다. 루터는 재세례파의 도덕적 생활에 대한 강조가 믿음에 의한 구원이 아닌 행위에 의한 구원을 내세우는 것이라고 판단했기 때문에 그들을 배척했다. 사실 재세례파 운동이 처음으로 나타난 곳은 다름 아닌 취리히였는데 애국자였던 츠빙글리가 보기에 국가와 교회의 연합을 거부하는 재세례파는 용납할 수 없는 종파적 분리주의 세력이었다. 결국 츠빙글리는 문제의 해결을 위해 취리히 시 당국에 도움을 요청했다. 1525년 취리히 시는 고의적으로 자신의 아이가 세례를 받지 못하도록 한 부모들은 정해진 기간 안에 아이들이 세례를 받도록 해야 하고 허가받지 않은 모든 불법적인 예배 모임은 금지한다고 포고를 내렸다. 하지만 재세례파는 이에 아랑곳하지 않고 성인 세례를 베푸는 예배 모임을 계속 가졌다. 그러자 시 당국은 온몸을 물에 담그는 세례의식을 거행하는 재세례파를 조롱하는 의미에서 그 지도자들을 강에 빠뜨려 익사시켜 버렸다. 재세례파에 대한 박해는 단지 취리히에만 국한된 것은 아니었다. 재세례파의 신자 수가 크게 늘어나자 프로테스탄트라는 말이 유래된 1529년의 슈파이어 제국 의회에서는 가톨릭과 루터파 제후들이 협력하여 모든 재세례파에게 사형을 내리기로 결정했다. 1520~30년대에 스위스, 남부 독일, 오스트리아 등지에서는 수많은 재세례파 신자들이 자신들의 신앙 때문에 순교했다. 겁 없이 재세례파의 집회에 참석하는 사람들은 침상에 누워 편히 죽기를 거의 기대할 수 없었다.

이렇게 가혹한 박해를 받게 되자 재세례파 가운데에는 극단적인 생각을 하는 사람들이 나타났다. 떠돌이 모피 상인이자 평신도 설교사였던 멜키오르 호프만(Melchior Hoffman, 1495?~1543)은 곧 세상의 종말이 다가오고 그리스도가 재림할 것이라고 예언하고 다녔다. 비록 그 예언은 실현되지 않앉고 호프만 자신도 평생을 스트라스부르의 감옥에서 보내야 하는 신세가 되었지만 그의 사상을 따르는 일단의 극단적인 재세례파는 자신들의 종말론적 이상을 실현할 수 있는 장소를 찾아 나섰다. 네덜란드 출신의 얀 마티스(Jan Matthijs, 1500?~1534)와 얀 반 레이덴(Jan van Leiden, 1509~1536)은 1534년 독일 베스트팔렌 지역의 주교 도시 뮌스터를 장악하면서 이 도시를 세상의 종말에 나타나게 될 '새 예루살렘'이라고 선포했다. 재세례파가 지배하는 뮌스터에서 성인 세례를 거부하는 시민들은 추방되었고 재산의 공유가 실시되었으며 일부다처제와 같은 극단적인 관행들도 나타나기 시작했다. 뿐만 아니라 재세례파 지도자들의 통치에 의심을 품거나 반항하는 사람들은 가차 없이 처형하는 공포 정치가 실시되면서 본래 평화적이었던 재세례파의 기본 정신은 크게 왜곡되었다. 결국 1535년 뮌스터 주교는 제후들의 도움을 얻어 유혈 사태 끝에 뮌스터를 다시 점령할 수 있었고 재세례파 지도자들은 혹독한 고문을 받고 나서 처형되었다. 시 정부는 그들의 시체를 철제 우리 속에 담아 교회 탑 위에 높이 매달아 놓았는데 그 철제 우리는 오늘날까지도 여전히 교회 탑 위에 걸려 있어 이곳을 지나가는 관광객들의 시선을 끌고 있다.

비록 뮌스터의 사건은 재세례파 운동의 일탈 현상으로 볼 수 있지만 이를 빌미로 통치권자들은 재세례파에 대한 탄압을 한층 더 강화해 나갔다. 하지만 재세례파는 이런 역경 속에서도 사라지지 않고 끈질기게 살아남았다. 본래 네덜란드의 가톨릭 사제였던 메노 시몬스(Menno Simons, 1496~1561)는 뮌스터의 사건을 비판하면서 온건하고 평화적인 재세례파 운동을 부흥시키는데 핵심적인 역할을 했다. 그는 네덜란드와 북부 독일을 돌아다니면서 열성적인 교회 개척 활동을 벌였고 수많은 저서들을 집필했다. 그의 영향을 받아 메노파 교회(Mennonite Church)가 성립되었는데 메노파는 네덜란드뿐만 아니라 이후 폴란드, 러시아와 같은 동유럽 지역을 거쳐 북아메리카 지역에까지 널리 퍼져 나갔다. 대체로 메노파는 세상으로부터 격리되어 자신들만의 폐쇄적인 공동체를 이루어 살았고 공직을 멀리했으며 무저항주의를 실천해 나갔다.

## 성공회(영국 국교회)란 무엇일까?

종교 개혁 이후 새로 생긴 많은 교파들 가운데 성공회(聖公會, Anglican Church)는 독특한 위치를 차지하고 있다. 성공회는 가톨릭교회와 유사하게 주교 제도를 유지하고 있긴 하지만 신학적으로는 온건한 칼뱅주의에 기초하고 있다. 성공회의 성직자들은 목사가 아닌 신부로 불리고 있지만 가톨릭 신부들과는 달리 성공회 신부들은 결혼을 하여 가정을 꾸릴 수 있다. 한마디로 성공회는 개신교와 가톨릭의 중간 형태를 취하고 있는 것이다. 성공회는 1534년 영국(보다 정확하게는 잉글랜드)[54)]의 종교 개혁으로 인해 성립된 영국 국교회(Church of England)가 전 세계로 확산되면서 만들어진 교회 조직이다. 그런데 영국 국교회를 성립시킨 잉글랜드의 종교 개혁은 다른 나라의 종교 개혁과는 사뭇 다른 방식으로 진행되었다. 성공회 교회의 독특한 특징은 잉글랜드 종교 개혁의 독특한 성격과도 관련이 있는 것이다. 그럼 이제 잉글랜드 종교 개혁의 진행 과정을 자세히 살펴보도록 하자.

   다른 나라의 종교 개혁에서도 종교와 정치는 떼려야 뗄 수 없는 밀접한 관계를 갖고 있었지만 잉글랜드에서는 특히 그러했는데 왜냐하면 잉글랜드에서는 특정한 종교 개혁가가 아니라 국왕이 앞장서서 종교 개혁을 단행했기 때문이다. 결론적으로 이야기하자면 잉글랜드의 종교 개혁은 국왕의 이혼이

---

54) 잉글랜드와 스코틀랜드가 정식으로 한 왕국으로 통합된 것은 1707년에 가서야 이루어졌다.

라는 지극히 세속적인 문제에서 출발하였다. 당시 잉글랜드의 국왕은 헨리 8세(Henry VIII, 1491~1547)였는데 이 군주는 영국 역사에서 보기 드문 화려한(?) 사생활로 인해서 오늘날까지 각종 소설과 영화의 주인공으로 각광받는 인물이기도 하다. 그는 결혼과 이혼을 반복하면서 여섯 명의 왕비를 차례로 맞아들였고 그 가운데 두 명은 사형에 처하기까지 했다. 그의 복잡한 여성 편력은 바람기도 바람기지만 무엇보다도 왕위 계승 문제에서 비롯된 것이었다.

헨리 8세의 첫 번째 왕비는 스페인 왕녀인 캐서린(Catherine of Aragon, 1485~1536)이었는데 본래 그녀는 죽은 형의 미망인으로 헨리보다 여섯 살이 많았다. 처음부터 아버지의 정략적인 결정에 따라 캐서린과 결혼할 수밖에 없었던 헨리는 그녀와의 사이에서 딸 메리만을 얻었을 뿐이고 왕위를 이을 아들을 얻지 못한 채 다른 자식들이 유아기에 잇달아 사망하는 경험을 했다. 그는 튜더(Tudor) 왕조[55]를 튼튼한 기반 위에 올려놓기 위해서는 여왕이 아니라 왕이 필요하다고 믿고 있었기 때문에 왜 하느님이 자신에게 아들을 허락해 주지 않는지

---

55) 1485년부터 1603년까지 지속된 잉글랜드의 왕조로 헨리 8세는 튜더 왕조의 두 번째 국왕이었다.

에 대해서 고민했다. 그러던 중 성경의 「레위기」에서 형수와 결혼한 사람은 저주를 받아 후사를 이을 수 없을 것이라는 구절[56]을 발견하게 된 헨리는 자신의 결혼 생활이 하느님의 뜻이 아니라는 확신을 갖게 되었다. 때마침 그는 앤 불린(Anne Boleyn, 1507?~1536)이라는 젊고 아름다운 처녀와 사랑에 빠졌다. 캐서린과의 결혼 생활에 심각한 회의를 느낀 그는 캐서린과 이혼하고 앤 불린과 결혼하기로 결심했다.

하지만 이혼은 생각처럼 그리 쉬운 문제가 아니었다. 젊은 시절 마르틴 루터를 공격하는 글을 쓰기도 해서 교황으로부터 '신앙의 수호자'라는 칭호를 받을 정도로 독실한 가톨릭 신자였던 헨리는 교황으로부터 이혼 허락을 받아 내려고 노력했지만 그것이 여의치 않았던 것이다. 왜냐하면 당사자인 캐서린이 완강하게 이혼에 반대했을 뿐만 아니라 이모인 캐서린이 강제로 이혼당하는 것을 원치 않았던 신성 로마 제국 황제 카를 5세(스페인 국왕으로서는 카를로스 1세)가 로마를 점령하고 교황을 자신의 손아귀에 넣고 있던 당시 상황에서 교황이 카를 5세의 뜻과 어긋나는 결정을 내릴 수는 없었기 때

---

56) "형수나 제수를 데리고 살면…… 그들 역시 자손을 보지 못할 것이다."(레위기 20:21)

문이었다.

 일이 자신의 뜻대로 진행되지 않자 다급해진 헨리 8세는 마침내 로마 교황청과 결별하기로 결심을 굳혔다. 그는 이혼 문제를 해결하기 위해 의회를 소집했고 의회는 잉글랜드 교회를 로마로부터 실질적으로 독립시키는 각종 법안들을 제정했으며 1534년에는 국왕이 잉글랜드 교회의 최고 수장임을 선언한 수장법(首長法, Act of Supremacy)을 통과시켰다. 로마와의 관계를 단절한 후 헨리는 당시 광대한 토지를 소유하고 있었던 수도원들을 모두 폐쇄해 버리고 그 재산을 몰수하는 조처를 취했다. 또 1536년부터는 모든 교구 교회에 영어로 된 성경을 비치하도록 하는 결정을 내림으로써 많은 신자들이 직접 성경을 접할 수 있게 되었다. 하지만 이러한 혁신적인 조처들에도 불구하고 헨리는 화체설을 부정하거나 성직자의 결혼을 옹호하는 사람들을 배척한 것에서도 알 수 있듯이 상당 부분 가톨릭의 신앙관을 그대로 고수했다. 루터의 종교 개혁에 호감을 갖고 있었고 적극적으로 잉글랜드의 종교 개혁을 추진했던 캔터베리 대주교 토머스 크랜머(Thomas Cranmer, 1489~1556)의 경우에도 이미 독일인 아내와 같이 살고 있었지만 헨리 8세가 살아있는 동안에는 자신이 결혼한 사실을 비밀에 부칠 수밖에 없을 정도였다.[57]

한편 로마 교황청과의 결별을 통해 헨리 8세는 캐서린과 이혼하고 앤 불린과 정식으로 결혼할 수 있었지만 두 번째 왕비는 헨리의 간절한 소망과는 달리 아들이 아닌 딸 엘리자베스를 낳았다. 헨리의 아들에 대한 집념은 우리나라의 전통적인 아들 선호 사상에 못지않았던 것 같다. 그는 아들을 낳지 못하는 앤에게 싫증을 느낀 나머지 그녀에게 간통죄를 뒤집어씌워 처형해 버리고 또 다른 여자와 결혼했던 것이다. 그의 세 번째 왕비는 제인 시모어(Jane Seymour, 1508?~1537)라는 여자였는데 왕은 그녀에게서 마침내 그토록 고대했던 왕자 에드워드[58]를 얻을 수 있었다. 하지만 불행히도 산모는 아기를 낳던 중에 그만 죽고 말았다. 정력적인 이 통치자는 그 후로도 세 번이나 더 결혼했지만 그리 행복했다고는 말할 수 없었고 더 이상은 자식을 얻지 못한 채 1547년 파란만장한 일생을 마쳤다.

헨리 8세가 죽고 나서 열 살이란 어린 나이에 왕위에 오른 에드워드 6세(Edward VI, 1537~1553)는 튜더 왕조를 확고한

---

[57] 일설에 따르면 크랜머는 여행할 때에는 아내를 공기구멍이 있는 궤짝 속에 숨겨서 데리고 다녔다고 한다.

[58] 왕자 에드워드는 마크 트웨인의 유명한 『왕자와 거지』의 모델이 된 인물이기도 하다.

기반 위에 세워 놓을 것을 기대한 아버지의 희망과는 달리 즉위한 지 6년 만에 죽었다. 그의 짧은 통치 기간 동안 정치적으로 커다란 변화가 일어나지는 않았지만 잉글랜드의 종교 개혁은 개신교적인 색채를 좀 더 강하게 띠게 되었다. 그 대표적인 예로 1549년과 1552년 두 차례에 걸쳐 크랜머의 주도하에 「공동 기도서(Book of Common Prayer)」[59]가 제정되었는데 이를 통해 가톨릭의 많은 의식이 폐지되고 화체설이 부정되었다.

십 대에 요절한 에드워드의 뒤를 이어 왕위에 오른 사람은 그의 이복 누나이자 헨리 8세의 첫 번째 왕비 캐서린의 딸인 메리 1세(Mary I, 1516~1558)였다. 그녀는 잉글랜드 역사상 최초로 여왕이 된 인물이었다. 그녀가 왕위에 오르면서 잉글랜드의 종교 개혁은 곧 커다란 시련에 직면하게 되었다. 왜냐하면 메리는 어렸을 때부터 가톨릭 신자로 양육되었고 어머니를 왕비 자리에서 몰아내는 결과를 가져온 종교 개혁에 치를 떨고 있었기 때문이다. 즉위하자마자 여왕은 잉글랜드를 다시 가톨릭 신앙으로 되돌려 놓기 위해 노력했다. 그녀는 라틴 어 미사를 부활시켰고 가톨릭 신자들을 고위직에 등

---

[59] 영국 국교회의 공인된 예배 의식서로 흔히 '성공회 기도서'라고도 한다.

용했으며 많은 사람들의 반대에도 불구하고 스페인의 독실한 가톨릭 군주 펠리페 2세(Felipe II, 1527~1598)[60]와 결혼했다. 더 나아가서 그녀는 캔터베리 대주교였던 크랜머를 포함하여 300여 명에 가까운 개신교인들을 이단자로 몰아 화형시킴으로써 '피의 메리(Bloody Mary)'라는 섬뜩한 별명을 얻게 되었다. 만일 메리의 통치가 오래 지속되었더라면 잉글랜드는 완전히 가톨릭 국가로 되돌아갔을지도 모른다. 하지만 메리 1세는 즉위한 지 5년 만에 자식 없이 죽고 말았고 이로써 잉글랜드의 종교 개혁은 위기를 넘길 수 있었다.

메리의 뒤를 이어 잉글랜드의 왕위에 오른 인물이 그 유명한 엘리자베스 여왕(Elizabeth I, 1533~1603)이다. 그녀는 비운의 왕비 앤 불린의 딸로 여러 가지 면에서 이복 언니와 다른 모습을 보여 주었다. 그녀는 개신교 신자로 자라났고 메리와는 달리 평생을 독신으로 지냈으며 국민들로부터도 사랑받는 군주였다. 이제 엘리자베스 여왕의 통치 기간 동안 영국 국교회는 확고하게 그 뿌리를 내릴 수 있었다. 잉글랜드 교회를 로마로부터 분리시킨 헨리 8세의 수장법이 1559년 다시

---

60) 신성 로마 제국 황제 카를 5세의 아들로 그의 통치 기간 동안 스페인은 최전성기를 구가했다.

한 번 천명되었고 칼뱅의 예정설이 국교회의 기본 교리로 채택되었다. 이런 개신교적인 특징에도 불구하고 영국 국교회는 주교 제도와 미사를 집전하는 성직자의 예복 등을 그대로 고수한 것에서도 알 수 있듯이 그 속에 전통적인 가톨릭 요소들이 여전히 많이 남아 있었다. 엘리자베스 여왕 자신도 개신교인들이 중시한 설교에는 그리 큰 관심을 보이지 않았고 오히려 성상과 성화를 옹호하는 태도를 보였다. 한마디로 영국 국교회에서는 개신교의 기본 정신(그중에서도 가장 중요한 것은 교황의 수위권을 인정하지 않는 것이었다.)을 받아들인다면 형식적인 면에서는 예전의 가톨릭적 전통을 어느 정도 수용한다고 해도 크게 문제 삼지 않았던 것이다.

그러나 엘리자베스 여왕의 타협적이고도 중도적인 종교 정책은 급진적인 개신교신자들인 청교도(淸敎徒, Puritan)[61]들의 강한 반발을 불러일으켰다. 스스로를 '경건한 사람들'이라고 불렀던 청교도들은 가톨릭교회를 연상시키는 모든 것이 제거된 보다 철저한 종교 개혁을 원했다. 칼뱅주의를 근본으로 삼고 설교 위주의 검소한 예배 의식과 엄격한 도덕 준수를 강조

---

61) 이들은 교회를 정화하고자(purify) 했기 때문에 '퓨리턴'이란 이름으로 불리게 되었다.

했던 청교도들이 보기에 국교회 신자들은 '신앙의 열의가 식은 법령상으로만 개신교 신자인 사람들'일 뿐이었다. 청교도들은 교회 조직 면에서도 국교회의 주교 제도를 거부하고 스코틀랜드에서 진행되고 있는 것과 같은 장로교적 교회 체제를 도입할 것을 주장했다. 청교도들 중의 일부가 급기야는 자신들만의 독립적인 교회를 세우려는 움직임을 보이자 엘리자베스 정부는 이것을 국가의 통합과 왕권에 대한 도전으로 보고 이들을 탄압하기 시작했다. 이러한 탄압에도 불구하고 청교도주의는 완전히 수그러들지 않았고 이후 청교도들은 17세기 중엽 영국에서 내전(English Civil War)[62]이 일어났을 때 다시 한 번 역사의 전면에 등장하게 된다.

하지만 청교도들보다도 엘리자베스의 통치에 더 큰 위협이 되었던 것은 완고한 가톨릭교인들이었다. 이단자를 처벌하기 위한 종교 재판소를 강화하고 개신교를 억압하는 데 앞장섰던 교황 피우스 5세(Pius V, 1504~1572)는 1570년 엘리

---

[62] 1640년대 국왕 찰스 1세(Charles I, 1600~1649)의 왕당파와 의회파가 서로 갈라져 싸웠던 전쟁으로 '청교도 혁명'이라고도 한다. 종교적으로 보았을 때 대부분의 국교도들은 왕당파였던데 반해 의회파에서는 청교도들이 절대 다수를 차지했다. 의회군의 지도자 올리버 크롬웰(Oliver Cromwell, 1599~1658)의 활약으로 내전은 결국 의회파의 승리로 돌아갔고 찰스 1세는 처형되었으며 1649년부터 1660년까지는 왕이 없는 공위(空位) 시대가 이어졌다.

자베스 여왕을 파문하고 그녀의 폐위를 일방적으로 선언하는 교서를 발표했다. 이로 인해 잉글랜드의 가톨릭교인들은 국왕에 대한 충성의 의무에서 벗어날 수 있게 되었다. 이는 간통죄 혐의로 처형당한 앤 불린의 딸이라는 취약한 정통성의 문제를 안고 있었던 엘리자베스의 입장에서는 지극히 위험스러운 상황 전개였다. 실제로 당시 잉글랜드에는 스코틀랜드의 여왕 메리 스튜어트(Mary Stuart, 1542~1587)가 자신의 왕국에서 강제로 폐위당한 후 망명 생활을 하고 있었는데 그녀는 가톨릭 신자이면서도 튜더 왕가의 혈통을 이어받고 있었기 때문에 엘리자베스의 통치에 불만을 품은 가톨릭교인들이 꾸미는 반역 음모의 중심인물이 되어 있었다. 결국 참다못한 엘리자베스는 1587년 메리 스튜어트를 처형해 버렸고 많은 가톨릭 사제와 평신도들이 반역죄로 처형당하거나 추방당했다. 1603년 엘리자베스 여왕이 사망할 무렵의 잉글랜드는 완전한 의미의 개신교 국가는 아니었을지라도 대체로 반(反)가톨릭적인 정서가 지배적이었으며 이러한 분위기는 이후 더욱 강화되어 갔다.

## 장 칼뱅과 미구엘 세르베토, 종교적 관용의 문제

칼뱅이 제네바에서 강력한 종교 개혁을 추진하고 있을 때 그에게 대항한 인물들 가운데 가장 유명한 사람은 스페인 출신인 미구엘 세르베토(Miguel Serveto, 라틴 어로는 세르베투스, 1511~1553)였다. 그는 호기심이 많아 신학, 법학, 의학, 지리학, 천문학 등 다방면에 관심을 기울였고 종교 개혁가들과의 접촉을 통해 자기 나름대로의 신학 체계를 세웠다. 자신의 대표작 『삼위일체론의 오류(De trinitatis erroribus)』와 『기독교의 회복(Christianismi restitutio)』에서 세르베토는 삼위일체 교리와 유아 세례를 교회 타락의 주된 원인으로 제시함으로써 가톨릭교회는 물론 종교 개혁가들로부터도 이단자로 정죄되었다.

세르베토는 프랑스에서 장기간 체류하는 동안 리옹의 종교 재판관에 의해 화형을 선고받기도 했지만 감옥에서 탈출하여 간신히 목숨을 건질 수 있었다. 왜 그랬는지 정확히 알 수는 없지만 그는 1553년 제네바에 모습을 드러냈고 거기서 체포되었다. 예전에 세르베토와 서신을 교환한 적이 있었던 칼뱅은 재판정에서 세르베토의 유죄를 주장했고 시 당국은 그에게 사형을 선고했다. 결국 세르베토는 제네바의 샹펠 광장에서 화형에 처해졌다. 세르베토의 처형에 대해 멜란히톤과 같은 종교 개혁가들은 칼뱅을 지지하는 입장을 표명했지만, 한때 제네바에 머문 적이 있었던 인문주의자 세바스티앵 카스텔리옹(Sébastien Castellion, 1515~1563)은 종교적 관용을 내세워 칼뱅을 비판하기도 했다. 세르베토의 처형 사건은 이후 유럽의 지식인 사회에서 이단자에게 사형을 부과하는 문제와 종교적 관용에 대한 적지 않은 논란을 불러일으켰다.

# 5

# 가톨릭교회는 종교 개혁에 어떻게 대응했을까?

믿음만으로 하느님과 올바른 관계를 맺는다고 말하는 자가 있다면 교회는 그를 파문해야 한다.
― 1547년 트렌토 공의회 교령(敎令)

1517년 마르틴 루터로부터 시작된 종교 개혁으로 인해 가톨릭교회는 지금까지 경험해 본 적이 없는 엄청난 위기에 직면하게 되었다. 교황이 서방 라틴 교회의 유일한 수장이라는 원칙과 더불어 가톨릭의 중요한 핵심 교리들이 많은 지역에서 더 이상 통용되지 않았고 교회의 분열은 돌이킬 수 없는 일이 되고 말았다. 일찍이 15세기 말부터 스페인을 중심으로 자체적인 교회 개혁 운동을 전개해 나가고 있었던 가톨릭교회는 이제 개신교의 도전에 맞서 교리를 확고하게 재정립하고 스스로를 개혁하지 않고서는 살아남을 수 없다는 절박함을 느끼게 되었다. 역사학자들은 16세기 가톨릭교회의 대대적인 갱신 운동을 가리켜 '가톨릭 종교 개혁' 혹은 '반(反)종교 개혁(Counter-Reformation)'이라고 부르고 있다. 가톨릭 부흥의 중심지는 남부 유럽 국가들 특히, 스페인과 이탈리아였다.

당시 새롭게 일기 시작한 종교적 경건함을 실천하기 위해서 새로운 가톨릭 교단들이 많이 창설되었는데 그중에서도 가장 유명한 것이 스페인의 이냐시오 데 로욜라(Ignacio de Loyola, 1491~1556)가 창설한 예수회(Society of Jesus)였다. 귀족 가문 출신이었던 로욜라는 기사 신분으로 1521년 프랑스와의 전쟁에 참가했다가 다리에 심한 부상을 입고 고향에 돌아와 치료를 받으면서 여러 종교 서적들을 읽고 감명을 받아 성자들의 거룩한 삶을 본받기로 결심했다. 그는 가족을 떠나 만레사라는 곳에서 금욕적인 생활을 하면서 신비한 영적 체험을 하게 되었고 이후 스페인의 여러 대학들과 파리를 돌아다니면서 신학 공부에 몰두했다. 마침내 성직자가 된 로욜라는 자신과 뜻을 같이 하는 동료들과 함께 청빈, 순결, 교황과 상급자에 대한 절대적인 복종을 서약하면서 교육과 선교에 전념할 항구적인 단체를 만들기로 결심했고 1540년 교황의 승인을 얻어 예수회를 창설했다.

예수회는 전통적인 종교적 생활 방식에 몇 가지 혁신을 도입했는데 일반 수도회에서 수도사들이 매일 함께 모여 성가를 부르는 것으로 진행되던 성무일도(聖務日禱, divine office)[63]를 포기하고 철저한 자기 수련의 방식으로 피정(避靜, retreat)[64]을 생활화한 것이 그 대표적인 예였다. 이러한 자기 규율의 바탕

위에서 예수회 신부들은 전통적인 수도원의 은둔 생활로부터 벗어나 세상 속으로 들어가서 적극적으로 활동해 나갔다. 16세기 후반에 이르러 예수회는 가톨릭 종교 개혁을 이끌어 나가는 핵심 기구로 자리 잡았고 유럽 도처에 신학교와 고등 교육 기관을 세워 학식 있고 능력 있는 성직자들을 배출했다. 특히 예수회는 교단이 운영하는 학교에 통일적인 학급(class) 제도를 도입하고 수업 진행과 학생 간부 선출, 각종 경연 대회 등에서 엄격한 성과 위주 원칙을 고수함으로써 효과적인 교육 체제를 확립하는데 크게 기여했다. 또한 교리 문답 교육을 강화하고 귀족들에 대한 영향력 행사를 통해 남부 독일과 오스트리아, 폴란드 등지에서 개신교가 확산되는 것을 막고 가톨릭교회를 부흥시키는 데에도 앞장섰다.

예수회의 활동은 비단 유럽에만 국한되지 않았다. 16세기에 들어와서 유럽의 무역로가 전 세계로 확대되고 유럽 인들이 아시아와 아메리카 지역으로 대거 진출하면서 예수회 소속 선교사들도 교세를 확장하기 위해 일찌감치 이들 지역에

---

63) 가톨릭교회에서 하루 일곱 번씩 정해진 시간에 하느님을 찬미하는 공식적인 기도.

64) 가톨릭교인들이 일정 기간 동안 일상 업무에서 벗어나 조용한 곳에서 묵상하면서 자신을 살피며 기도하는 일.

눈을 돌리게 되었다. 많은 예수회 선교사들이 남아메리카[65]로 건너가 선교 활동을 벌였는가하면 로욜라의 동료였던 프란시스코 사비에르(Francisco Xavier, 1506~1552)는 인도를 거쳐 멀리 일본에까지 가서 기독교를 전파하였다. 16세기 말, 17세기 초에 중국 명(明)나라에 머물면서 중국에 서양의 문물을 전해 준 마테오 리치(Matteo Ricci, 1552~1610) 또한 예수회에서 파견한 신부였다. 특히 그가 가톨릭 교리를 한문으로 풀어 쓴 『천주실의(天主實義)』가 17세기에 조선에 소개되면서 서학(西學)[66]과 천주교가 전래되는 데에도 상당한 영향을 미쳤다는 점에서 예수회의 활발한 해외 선교 활동은 간접적으로 우리나라에까지 영향을 끼쳤다고 할 수 있다.

예수회와 함께 가톨릭 종교 개혁에서 중요한 역할을 한 것은 1545년에서 1563년까지 열렸던 트렌토 공의회였다. 사실 16세기 중엽까지 로마 교황청은 개신교나 가톨릭교회 내부의 개혁 요구에 제대로 된 대응을 하지 못했다. 하지만 일찍이

---

[65] 롤랑 조페 감독의 유명한 영화 「미션(The Mission)」(1986)에서 남아메리카 파라과이 오지의 인디오들을 상대로 선교 활동을 벌였던 가브리엘과 멘도자 신부가 바로 예수회 소속이었다. 이 영화는 실제로 1750년대 스페인과 포르투갈이 남아메리카의 식민지 국경선을 조정하는 과정에서 토착 인디오들이 무참히 희생당하고만 역사적 사건을 토대로 해서 만들어졌다.
[66] 17세기 이후 조선에 전래된 서양의 학문과 종교를 가리키는 말.

교회 개혁을 위한 추기경 위원회를 설치할 정도로 개혁에 적극적이었던 교황 파울루스 3세(Paulus III, 1468~1549)는 1545년 북부 이탈리아의 주교 도시 트렌토에서 공의회를 개최하여 가톨릭교회의 갱신을 꾀하였다. 우여곡절 끝에 몇 번이나 중단되면서 20년 가까이 지속된 트렌토 공의회에서 결정된 사항들은 이후 400여 년 동안 가톨릭 신앙의 핵심을 이루게 될 중요한 내용들을 포함하고 있었다. 공의회를 지배했던 것은 한마디로 반(反)개신교 정신이었다. 공의회는 성직자의 독신 제도와 화체설, 7성사 제도를 재확인했고 믿음에 의해서만 구원을 얻는다는 루터의 교리를 배척하면서 구원에는 사랑의 행위가 필요하다는 점을 강조했다. 또한 구원의 진리가 성경에만 있다고 말한 루터와는 달리 공의회는 성경과 더불어 사도들의 계승자인 가톨릭교회의 전통 또한 하느님의 진리의 원천으로 존중해야 한다고 주장했다. 가톨릭교회의 실질적인 개혁을 위해서 무엇보다도 중요했던 것은 성직자의 자질을 높이기 위해서 성직 매매를 금지하고 모든 교구에 신학교의 설립을 의무화하며 교구 교회들을 감독하는 주교의 권한을 대폭 강화한 규정들이었다. 이러한 결정 사항들에 더해 강압적인 조처도 뒤따랐는데 로마 교황청이 금서 목록(Index)[67]을 작성하여 가톨릭 신앙과 도덕에 어긋나는 출판물들을 검열하여 금지하도록 한 것이 그 대표적인 경우였다.

종교 개혁 이후 수세에 몰렸던 가톨릭교회가 예수회의 활동과 트렌토 공의회의 교리 재확립으로 자신감을 회복하면서 가톨릭이 우세한 지역에서는 개신교와 구분되는 자신만의 정체성을 분명히 하기 위해 종교 개혁가들이 비판했던 여러 관행들이 오히려 더욱 강화되는 모습이 나타났다. 예컨대 중세부터 이어져 내려온 성모 마리아에 대한 숭배가 일상화되면서 교회가 아닌 도시의 중앙 광장이나 도로 한복판 같은 공공장소에도 성모 마리아의 동상을 세우는 것이 유행처럼 번졌다. 또한 화체설과 밀접한 연관이 있는 관행으로서, 성체(聖體, Host)[68]에 대한 신자들의 신앙심이 높아져 성체를 모신 곳이 성당의 중심이 되었고 성체를 성당 밖으로 옮겨 시가지와 마을을 통과하는 행렬에 많은 신자들이 함께 참여하는 종교 의식이 자주 이루어지게 되었다. 17세기 초 독일 남부 지역의

---

[67] 로마 가톨릭교회의 금서 목록에 올랐던 책들 가운데 가장 유명한 것 중의 하나는 아마도 폴란드의 천문학자 코페르니쿠스(Nicolaus Copernicus, 1473~1543)의 지동설을 담고 있는 『천구의 회전에 관하여(*De revolutionibus orbium coelestium*)』일 것이다. 코페르니쿠스의 이 책은 그가 죽은 이후인 1616년 금서목록에 오르게 되었다. 금서 목록 제도는 20세기에 들어와서도 계속 유지되다가 1966년에 와서야 공식적으로 폐지되었다.

[68] 그리스도의 몸을 상징하는 납작하고 둥근 과자 모양의 성만찬용 빵.

한 도시에서는 이 도시에 사는 소수의 가톨릭 신자들이 자신들의 단합된 힘을 보여 줄 목적으로 성체 행렬을 감행하자 이것을 본 개신교 시민들이 분노하여 행렬을 강제로 저지했을 정도로 이 행사는 가톨릭만의 고유한 종교 의식이자 하나의 문화로 자리 잡아갔다.

## 기리시탄을 아시나요? 일본의 가톨릭교인

프란시스코 사비에르가 포르투갈 배를 타고 1549년 일본에 도착하여 가톨릭을 처음 전파한 이후 일본의 가톨릭교인들은 '기리시탄(吉利支丹)'으로 불리게 되었다. 사비에르가 소속된 예수회뿐만 아니라 곧 프란체스코 수도회에서도 일본 선교에 적극성을 띠고 선교사들을 파견했으며 1600년경 일본의 가톨릭 신자들의 수는 3만 명이 넘을 정도로 급속하게 성장했다. 이렇게 비교적 짧은 시간 안에 가톨릭의 교세가 급속도로 확장될 수 있었던 데에는 무엇보다도 일본 통일의 기반을 닦았던 오다 노부나가(織田信長, 1534~1582)가 불교의 막강한 정치적 힘을 견제하기 위해 가톨릭교회와 신학교의 설립을 적극 후원했고 기독교의 수용이 유럽과의 교역에 유리하다고 여긴 다이묘(영주)들이 있었기에 가능한 일이었다.

하지만 도쿠가와 바쿠후(막부)를 창건한 도쿠가와 이에야스(德川家康, 1543~1616)의 후계자들은 가톨릭이 유럽 세력의 일본 진출을 위한 교두보가 될 우려가 있고 유럽 선교사들이 일본의 정치적 안정을 위협하고 있다고 여겨 기독교를 금지하고 선교사들을 추방하기 시작했다. 17세기 중엽까지 기독교에 대한 탄압은 계속 이어져 자신의 신앙을 버리지 않은 수많은 기리시탄들은 유배되거나 처형당하는 운명을 겪었다. 임진왜란 당시 일본으로 끌려왔다가 가톨릭으로 개종한 조선인들도 이때 함께 박해를 받아 순교하는 사람들까지 생기게 되었다. 한편, 박해 과정에서 살아남은 소수의 기리시탄들은 숨어 지내면서 오랜 기간 동안 외부 세계와 단절되면서 불교적 요소를 받아들이는 등 토착화의 길을 밟아 나가기도 했다.

# 6

# 16~17세기
# 종교 전쟁은
# 왜 일어났을까?

- 프랑스의 종교 전쟁은 어떻게 일어났을까?
- 독일의 종교 전쟁은 어떻게 일어났을까?

파리(Paris)는 미사를 드릴 만한 가치가 있다.
— 프랑스 국왕 앙리 4세가 개신교에서 가톨릭으로 개종한 후 했다고 전해지는 말

    16세기 종교 개혁과 가톨릭 종교 개혁을 거치면서 개신교와 가톨릭교회 사이의 분열은 점차 고착화되어 갔다. 16세기 말을 기준으로 볼 때 개신교는 주로 북부 독일, 영국, 스칸디나비아 반도와 같은 북서부 유럽 지역에 확산되었던 반면 가톨릭은 스페인, 이탈리아, 프랑스, 남부 독일, 오스트리아, 폴란드 등 남동부 유럽 지역을 확보했다. 이러한 신·구교 간의 분열이 결코 평화로운 과정 속에서 마찰 없이 이루어진 것은 아니었다. 이미 16세기 중엽 독일과 스위스는 개신교와 가톨릭 진영 사이의 크고 작은 군사적 충돌을 경험한 적이 있었고 16세기 후반부터는 이러한 종교 분쟁이 국제전의 양상으로까지 확대되면서 대규모 종교 전쟁의 형태를 띠게 되었다.
    일반적으로 서양사에서 16~17세기의 대표적인 종교 전쟁으로 일컬어지는 것이 두 개가 있는데 하나는 프랑스에서 벌

어진 위그노 전쟁(1562~1598)이고 다른 하나는 독일을 주 무대로 해서 벌어진 30년 전쟁(1618~1648)이다. 그런데 여기서 우리가 한 가지 주의를 기울여야 할 점은 종교 전쟁이 결코 순전히 종교적인 이유만으로 발생한 것이 아니라는 사실이다. 앞으로 살펴보겠지만 위그노 전쟁과 30년 전쟁을 직접적으로 촉발시켰던 것은 가톨릭과 개신교 사이의 종교적 갈등이라고 할 수 있지만 이 전쟁이 진행되는 과정에서는 국왕(황제)과 귀족 집단 사이의 정치적 권력 다툼, 유럽 각국의 국가적 이해관계와 같은 세속적 요인들이 훨씬 더 중요하게 작용했던 것이다. 그럼 16~17세기 유럽의 역사를 피로 적신 참혹한 종교 전쟁이 왜 일어나게 되었는지 한번 살펴보도록 하자.

## 프랑스의 종교 전쟁은 어떻게 일어났을까?

프랑스의 개신교인들은 흔히 '위그노'라고 불렸는데 이들은 프랑스 출신 종교 개혁가 칼뱅의 영향을 받은 사람들이었다. 위그노들은 처음부터 프랑스 당국의 박해를 많이 받았지만 그럼에도 불구하고 시민들과 귀족들 사이에서는 칼뱅주의 개혁 신앙이 급속도로 퍼져 나갔다. 16세기 중엽 프랑스에서 백만 명을 훨씬 넘는 신자를 확보할 정도로 그 세력을 크게 확장한 위그노들과 가톨릭 진영이 16세기 하반기에 마침내 정면으로 충돌하면서 프랑스를 피로 물들이는 내전을 벌이게 되는데 그것이 바로 위그노 전쟁이다. 위그노 전쟁이 일어나게 된 배경을 제대로 이해하기 위해서는 먼저 당시 프랑스의 왕실을 둘러싼 복잡한 정치 상황을 살펴볼 필요가 있다. 독자들의 이해를 돕기 위해서 당시 프랑스 왕실의 계보도를 간략하게 아래에 소개해 놓았다.

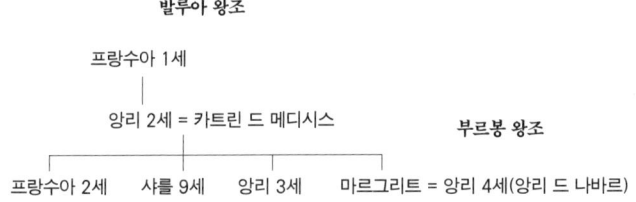

16세기 중반 프랑스를 통치하던 발루아(Valois) 왕조[69]의 국왕 앙리 2세(Henri II, 1519~1559)는 개신교의 확산을 막기 위해서 이단자들을 심판한다는 구실로 파리에 '화형 재판소'를 설치하여 많은 위그노들을 체포, 처형했다. 1559년 앙

---

69) 1328년에서 1589년까지 프랑스를 통치했던 왕조.

리 2세가 마상 시합에 출전했다가 치명적인 부상을 당해 죽은 후 아들 프랑수아 2세(François II, 1544~1560)가 미성년의 나이에 왕위에 오르자 왕실의 권위는 흔들리기 시작했다. 프랑수아 2세 때 정치적 실권을 장악했던 기즈(Guise) 가문[70]은 열성적인 가톨릭 집안이었고 궁정에서의 강력한 힘을 바탕으로 위그노들을 계속 탄압했다. 그런데 프랑수아 2세는 재위 1년 만에 곧 죽고 말았고 그 뒤를 이어 동생 샤를 9세(Charles IX, 1550~1574)가 또다시 열 살이란 어린 나이에 왕위에 올랐다. 그러자 이번에는 국왕의 어머니 카트린 드 메디시스(Catherine de Médicis, 1519~1589)[71]가 섭정으로 나이 어린 아들을 대신해서 정치에 관여하기 시작했다. 카트린은 기즈 가문의 영향력 확대를 저지하고 왕권을 강화하는 일환으로 가톨릭과 위그노 두 진영을 화해시키려고 노력하는 동시

---

70) 프랑수아 2세의 왕비는 나중에 스코틀랜드의 여왕이 되었다가 잉글랜드로 망명 가서 결국 엘리자베스 여왕에 의해 처형된 메리 스튜어트('성공회란 무엇일까?' 참조)였는데 그녀의 어머니가 바로 기즈 가문 출신이었다. 즉, 프랑수아 2세의 처가 쪽 친척들이 젊은 국왕을 대신해서 실질적인 권력을 장악했던 것이다.

71) 카트린 드 메디시스는 이탈리아 메디치 가문 출신이었기 때문에 프랑스 인들의 입장에서는 외국인 왕비였다. 그녀는 일찍 죽은 자신의 두 아들보다 더 오래 살면서 왕실에서 엄청난 영향력을 발휘했다. 파트리스 셰로 감독의 영화 「여왕 마고」(1994)에서 카트린 드 메디시스는 발루아 왕실의 경쟁자 앙리 4세를 죽이기 위해 흉계를 꾸미는 여인으로 묘사되고 있다.

에 위그노들에게도 어느 정도 예배의 자유를 허락하는 등 관용적인 정책을 펼쳤다. 하지만 카트린의 이러한 정책을 탐탁지 않게 생각하고 있던 프랑수아 드 기즈(François de Guise, 1519~1563) 공작은 1562년 무장하고 파리로 가는 길에 부하들로 하여금 바시라는 곳에서 예배를 드리고 있던 위그노들을 공격하게 해 적지 않은 사상자들이 발생하는 사태가 발생했다. 이 바시의 학살사건이 이후 30년 이상 벌어지게 될 전쟁의 출발점이었다.

이후 위그노와 가톨릭 사이에서 세 차례에 걸쳐 벌어진 전쟁의 와중에서 가톨릭 진영의 지도자인 기즈 공작이 위그노 자객에 의해 암살당하는 등 양 진영의 주도적인 지도자들이 사망했지만 어느 한쪽도 확실한 승리를 거둘 수는 없었다. 전쟁에 지친 양측은 1570년 평화 협정을 맺었고 카트린 드 메디시스도 가톨릭과 위그노 진영을 화해시킬 수 있는 방안을 내놓았다. 즉 그녀는 자신의 딸이자 국왕 샤를 9세의 여동생으로 가톨릭 신자인 마르그리트(Marguerite de Valois, 1553~1615)[72]와 위그노의 지도자인 앙리 드 나바르(Henri de Navarre, 나중의 앙리 4세, 1553~1610)를 결혼시킴으로써 평화를 더욱 확

---

72) 영화 「여왕 마고」의 여주인공 마고가 바로 마르그리트이다.

고하게 할 수 있다고 믿었던 것이다. 더구나 앙리 드 나바르는 국왕의 먼 친척뻘로서 발루아 왕실과 혼인 관계를 맺기에 손색이 없는 인물이었다. 1572년 8월 파리에서 열린 이 결혼식을 축하하기 위해 전국의 위그노와 가톨릭 지도자들이 속속 수도로 모여들었다. 이제 왕국의 평화는 달성된 듯싶었다.

그런데 개인적인 원한으로 말미암아 상황은 급반전되었다. 1563년 암살당한 기즈 공작의 아들 앙리는 아버지 암살의 배후에 위그노의 또 다른 지도자인 가스파르 드 콜리니(Gaspard de Coligny, 1519~1572)가 있다고 믿고서 비밀리에 콜리니의 암살을 계획했다. 평소 콜리니가 국왕에게 큰 영향력을 행사하는 것이 못마땅했던 모후 카트린도 이 암살 계획에 동의했다. 하지만 음모는 그만 실패로 돌아가고 말았고 콜리니는 부상을 당한 채 살아남았다. 이제 음모의 배후가 밝혀질지도 모른다는 위기감에 사로잡힌 카트린 드 메디시스와 앙리 드 기즈는 극단적인 조처를 취하기로 결심했다. 그들은 샤를 9세를 부추겨서 파리에 머물고 있는 위그노 지도자들을 모두 학살하라는 명령을 내리게 했던 것이다. 8월 23일 밤 가톨릭 측에 의해 자행된 이 학살로 인해 콜리니를 포함하여 파리에서만 최소 3,000명에 이르는 위그노들이 희생되었고 지방에서도 이와 유사한 학살 사건이 벌어졌다. 역사는 참혹했던 이 사건을 '성 바르텔르미 축일의 학살'로 기록하고 있다.

성 바르텔르미 축일의 학살로 평화로운 해결의 가능성은 완전히 사라져 버렸고 다시 양 진영 간에 처참한 전쟁이 벌어졌다. 한편, 1574년 샤를 9세가 젊은 나이에 자식 없이 죽자 동생 앙리 3세(Henri III, 1551~1589)가 왕위를 이었다. 그런데 문제는 앙리 3세 역시 자식을 낳을 가능성이 없어 국왕이 죽고 나면 발루아 왕조가 단절될 위기에 처하게 되었다는 것이다. 이제 앙리 3세의 가장 가까운 왕위 계승자로는 여동생 마르그리트의 남편이자 성 바르텔르미 축일의 학살에서 간신히 목숨을 건졌던 앙리 드 나바르밖에 없었다. 하지만 가톨릭 진영에서는 개신교인인 앙리 드 나바르가 프랑스의 국왕이 된다는 사실을 결코 받아들일 수 없었다. 더구나 열성 가톨릭 신자들이 보기에 국왕 앙리 3세는 위그노와의 전쟁 수행에 그렇게 적극적이지 않고 미온적인 태도를 보이고 있었다. 야심만만한 기즈 가문의 형제들은 이러한 상황에 불만을 품은 비타협적인 가톨릭교인들과 함께 '신성 동맹(神聖同盟, Sainte Ligue)'을 결성하고 국왕에 맞서 저항했다. 가톨릭 진영 내부에서 자체 분열이 일어난 것이다. 스페인 국왕 펠리페 2세의 전폭적인 지원을 받았던 신성 동맹 측은 파리 시민들의 지지를 바탕으로 봉기를 일으켜 앙리 3세를 수도에서 내쫓는 데 성공했다. 굴욕을 당한 앙리 3세는 곧 반격을 가해 기즈 형제를 살해하고 앙리 드 나바르와 동맹을 맺어 수도를 되찾기 위해서 파리에 대한 포위 공격을 시작했다. 하지만 이 와중에 앙리 3세 역시 자객이 칼에 맞아 사망함으로써 발루아 왕조는 종말을 고하고 말았다. 이렇듯 위그노 전쟁 기간은 전쟁터의 전투 못지않게 끊임없는 암살 사건들로 점철된 시기였던 것이다.

1589년 앙리 드 나바르가 앙리 4세로 프랑스의 새 국왕으로 즉위하면서 부르봉(Bourbon) 왕조[73]가 시작되었지만 신성 동맹 세력이 장악하고 있는 파리는 쉽게 함락되지 않았고 스페인 군대는 신성 동맹을 지원하기 위해 프랑스로 침입해 들어왔다. 여전히 가톨릭 신자들이 다수를 이루고 있는 프랑스에서 개신교 국왕이 자리를 유지한다는 것은 너무나 어려운 일이었다. 오랜 전쟁을 종식시키고 왕국에 평화를 가져오는 길은 자신의 개종밖에는 없다는 정치적 판단을 내린 앙리 4세는 1593년 결국 가톨릭으로 개종했고 이듬해 파리에 입성할 수 있었다. 국왕이 가톨릭으로 개종하자 더 이상 저항할 명분이 없어진 신성 동맹은 그 세력이 급속도로 약화되어 갔다. 이후 앙리 4세는 스페인과의 전쟁을 유리하게 이끌어 나갔고 1598년

---

[73] 1589~1792년과 1814~1830년에 걸쳐 프랑스를 지배했던 왕조.

마침내 수십 년 동안 지속되던 종교 전쟁을 끝낼 수 있었다. 같은 해 앙리 4세는 비록 자신은 이미 가톨릭으로 개종했지만 예전 신앙의 동료들인 위그노들에게 종교적 자유를 허용하는 칙령을 반포했는데 이것이 유명한 낭트 칙령이다. 낭트 칙령을 통해 위그노들에게는 완전한 시민권과 공식적인 예배의 자유가 허용되었고 200여 개의 요새화된 도시들을 차지할 수 있는 권리가 부여되었다.

그러나 1598년 위그노 전쟁의 종식과 낭트 칙령으로 프랑스에서 종교적 관용이 완전히 정착된 것은 결코 아니었다. 위그노의 세력은 17세기에 들어와서 부르봉 왕조의 강력한 중앙 집권화 정책과 가톨릭 진영의 집요한 공격으로 인해 많이 약화되었고 태양왕 루이 14세(Louis XIV, 1638~1715)가 1685년 낭트 칙령을 폐지함으로써 그나마 누리던 종교적 자유마저 빼앗기고 말았다. 이후 수많은 위그노들은 종교의 자유를 찾아 잉글랜드, 네덜란드, 독일 등지로 망명의 길을 떠나게 되었고 위그노들이 떠난 프랑스는 이웃 독일과는 달리 가톨릭으로 통일된 국가로 남게 되었다.

## 독일의 종교 전쟁은 어떻게 일어났을까?

서양의 역사에서 흔히 최대, 최후의 종교 전쟁으로 일컬어지는 것이 바로 30년 전쟁이다. 상당히 복잡하게 전개된 30년 전쟁이 일어나게 된 배경을 살펴보기 위해서는 먼저 전쟁의 주무대가 된 독일(신성 로마 제국)의 16세기 후반 이후의 상황을 살펴볼 필요가 있다. 앞에서 언급한 1555년의 아우크스부르크 종교 화의는 독일 종교 개혁 이후 초래된 온갖 종교적 문제와 분쟁을 단지 일시적으로 해결한 것에 지나지 않았다. 무엇보다도 종교 화의는 개신교의 여러 교파 중에서 오직 루터파만 공식적으로 인정했을 뿐 독일에서도 점차 그 세력을 확대하고 있었던 칼뱅주의는 전혀 인정하고 있지 않았기 때문에 칼뱅주의자들의 불만을 살 수밖에 없었다. 한편 한때 수세에 몰렸다가 가톨릭 종교 개혁으로 자신감을 회복한 가톨릭 측은 예수회의 적극적인 활동과 바이에른[74] 공작과 같은 열성적인 제후들의 지지에 힘입어 개신교인들에 대해 점차 공격적인 자세를 취하고 있었다. 아우크스부르크 종교 화의 이후의 독일에서는 종교적 관용이 자리 잡기는커녕 도리어 서

---

74) 독일 동남부에 위치한 지방으로 이 지역의 중심 도시는 뮌헨이다.

로 다른 교파 사이의 종교, 정치, 사회적 갈등이 점점 심화되어만 갔다.

특히 1580년대에 촉발된 이른바 '달력 분쟁'은 독일의 종교적 분열상이 얼마나 심각했는지를 잘 보여 주고 있다. 그 이전까지 독일을 포함한 유럽은 고대 로마의 율리우스 카이사르가 제정한 율리우스력을 사용하고 있었는데 오랫동안 누적되어 온 역법상의 오차로 교황 그레고리우스 13세(Gregorius XIII, 1502~1585) 때에 이르러서는 본래 3월 21일에 와야 할 춘분이 실제로는 3월 11일에 오게 되어 열흘간의 오차가 생기고 말았다. 그런데 춘분은 기독교 절기에서 부활절을 정하는 기준일이 되는 중요한 날이기 때문에[75] 이를 그대로 내버려 둘 수 없었던 교황은 중요한 결단을 내렸다. 즉 그는 1582년 10월 4일의 다음 날을 10월 5일이 아닌 15일로 선포함으로써 그 사이에 있는 열흘을 빼 버렸던 것이다. 교황은 독일에도 이 새로운 달력인 그레고리력을 수용하도록 요구했고 가톨릭 제후들은 이를 곧 수용했으나 개신교 측에서는 이것이 교황이 일방적으로 제정한 것이라 하여 거부했다. 따라서 독일에

---

75) 전통적으로 서방 교회에서는 춘분 다음의 만월(滿月, 보름달)이 지난 후 첫 번째 일요일을 부활절로 지켜 왔다.

서는 교파에 따라 달력 두 개가 동시에 공존하는 전대미문의 상황이 벌어졌던 것이다. 특히 아우크스부르크와 같이 가톨릭과 개신교 신자들이 똑같이 공존하고 있던 도시에서는 시의회가 그레고리력의 도입을 결정하자 개신교 시민들이 계속 율리우스력을 고집함으로써 시민들이 교파에 따라 서로 각기 다른 날을 공휴일로 지키는 등 혼란스런 상황이 연출되었고 그레고리력의 도입 반대를 선동한 목사들이 도시에서 추방당하는 사태에까지 이르렀다. 이후 독일의 개신교인들은 1700년에 가서야 냉정함을 되찾고 그레고리력을 수용하게 된다.[76] 독일의 달력 분쟁은 당시의 종교적 분열상이 단순히 종교적 문제에만 국한된 것이 아닌 광범위한 사회적 문제였음을 잘 보여 주고 있다.

정치적으로도 자신의 세력을 확대하려는 가톨릭과 개신교 사이의 갈등과 대립은 곳곳에서 크고 작은 충돌을 불러일으키면서 나날이 격화되어 급기야는 군사 동맹을 결성하여 서로 첨예하게 맞서는 지경에까지 이르렀다. 1608년 독실한 칼

---

[76] 그렇다고 독일 개신교인들이 다른 나라의 경우에 비해 뒤늦게 그레고리력을 수용한 것은 아니었다. 국교회를 신봉하는 영국은 1752년에, 그리고 동방 정교회를 신봉하는 러시아는 1918년에 가서야 그레고리력을 수용하였던 것이다.

뱅주의자인 팔츠 선제후[77]가 이끄는 개신교 제후와 도시들은 '개신교 연합(Protestantische Union)'을 결성했고 그다음 해에는 바이에른 공작을 중심으로 '가톨릭 동맹(Katholische Liga)'이 결성되었으며 이 두 동맹 세력은 결국 30년 전쟁에서 서로 정면으로 맞부딪치게 되었다.

1618년부터 1648년까지 독일을 문자 그대로 초토화시켰던 30년 전쟁을 직접적으로 촉발시켰던 계기는 보헤미아 지역의 종교적 갈등이었다. 중세 이래로 신성 로마 제국의 영토에 속했던 보헤미아는 황제 카를 5세의 동생인 페르디난트 1세(Ferdinand I, 1503~1564)가 보헤미아 귀족들의 추대로 1526년 국왕으로 즉위한 이후로 오스트리아 합스부르크 가문[78]의 세습 영토가 되어 있었다. 그런데 15세기 초 얀 후스의 개혁 운동의 본거지이기도 했던 보헤미아 지역의 귀족들은 압도적으로 개신교 신자가 많았던데 비해, 합스부르크 가

---

77) 팔츠는 독일 서부에 위치한 지방으로 이 지역을 통치하는 제후는 황제의 선출권을 가진 7선제후 중의 하나였다.

78) 신성 로마 제국 황제 카를 5세의 영토는 워낙 넓었기 때문에 그는 자신의 영토 중에서 스페인을 아들 펠리페 2세에게 넘겨주는 대신 동생 페르디난트 1세에게는 오스트리아와 신성 로마 제국 황제 자리를 물려주었다. 스페인 쪽의 합스부르크 가문은 이미 1700년에 단절되었지만 오스트리아 합스부르크 가문은 1918년까지 오스트리아 이외에도 보헤미아와 헝가리 지역을 통치할 수 있었다.

문은 특히 페르디난트 2세(Ferdinand II, 1578~1637)가 1617년 보헤미아 국왕에 즉위하면서부터 개신교인들이 다수인 의회의 의사를 무시하고 가톨릭으로의 복귀를 강요하는 정책을 펼쳐 나갔다. 이러한 강압적인 정책에 항의하기 위해 보헤미아의 개신교 귀족 대표들은 1618년 프라하 성을 방문하여 자신들의 입장을 전달하던 중 분노를 참지 못해 국왕의 고문관과 그 비서를 창문 밖 수십 미터 아래로 내던져 버리고 말았다. 요행히도 이들은 거름 더미 위에 떨어져 목숨을 건지기는 했지만 이 '프라하 창문 투척 사건'은 30년 전쟁을 촉발시킨 도화선이 되었다. 보헤미아 귀족들은 1619년 신성 로마 제국의 황제로 선출된 페르디난트 2세 대신에 개신교인인 팔츠 선제후 프리드리히 5세(Friedrich V, 1596~1632)를 보헤미아의 새 국왕으로 추대함으로써 합스부르크 가문의 통치에 반기를 들었고 개신교 연합이 보헤미아를 동맹 세력으로 받아들임으로써 이제 전쟁은 피할 수 없게 되었다.

  1620년 황제군은 반란을 진압하기 위해 가톨릭 동맹군과 연합하여 보헤미아를 공격해서 큰 승리를 거두었고 합스부르크 가문의 또 다른 일족(一族)이 통치하고 있었던 스페인도 프리드리히 5세의 본거지인 팔츠로 진격하여 일부 지역을 점령했다. 프리드리히 5세는 모든 것을 빼앗기고 네덜란드로 망명할 수밖에 없었고 가톨릭 동맹군은 그 잔당을 토벌하기 위해 북서 독일 지역으로까지 진출했다. 그러자 이 지역에 이해관계를 갖고 있는 덴마크의 국왕 크리스티안 4세(Christian IV, 1577~1648)가 독일 개신교를 보호한다는 구실로 전쟁에 개입했다. 하지만 본래 보헤미아 출신으로 30년 전쟁기의 가장 탁월한 용병대장인 알브레히트 폰 발렌슈타인(Albrecht von Wallenstein, 1583~1634)이 지휘하는 황제군과 가톨릭 동맹군이 연합하여 덴마크 군대를 격파함으로써 크리스티안 4세는 물러나지 않을 수 없었다.

연이은 승리에 도취한 황제 페르디난트 2세는 1629년 '반환 칙령'을 공포하여 1552년 이후 개신교 제후들의 수중으로 넘어간 가톨릭교회와 수도원의 토지 반환을 강제적인 의무 사항으로 규정함으로써 전쟁은 가톨릭 측의 완벽한 승리로 끝나는 것처럼 보였다. 그러나 이때 독실한 루터교 신자이자 '북방의 사자왕'으로 불리던 스웨덴 국왕 구스타프 2세 아돌프(Gustav II Adolf, 1594~1632)가 정예군대를 이끌고 발트 해를 건너 독일로 진격함에 따라 상황은 다시 반전되었다. 그는 가톨릭 세력이 발트 해 연안 지역에까지 세력을 확장하게 되면 스웨덴의 국가적 이해관계가 심각하게 손상당할 것을 염려하여 전쟁에 개입했던 것이다. 흥미로운 것은 스웨덴 군의 전쟁 비용 중 상당 부분을 프랑스가 떠맡았다는 것인데 프랑스는 비록 가톨릭 국가이지만 최대 경쟁자인 합스부르크 가문이 유럽에서 패권을 차지하는 것을 좌시할 수 없었기 때문에 개신교 진영을 지원했다. 스웨덴 군은 탁월한 군사적 전술로 연전연승하면서 남부 독일에까지 깊숙이 진출하여 한때 가톨릭 동맹의 핵심 지역인 바이에른까지 정복할 수 있었다. 하지만 구스타프 아돌프는 발렌슈타인이 이끄는 황제군과 뤼첸이란 곳에서 전투를 벌이던 중 전사하고 말았고 야심가인 발렌슈타인 역시 결정적인 전투를 피하는 지연술을 펼치다가 황제의 총애를 잃고 암살당함으로써 전쟁은 교착 상태에 빠지고 말았다. 이제 전쟁에 지친 독일의 개신교 제후들은 1635년 황제와 강화 조약을 체결함으로써 전쟁을 끝내려고 했다.

  그런데 이 시점에서 지금까지 직접적인 개입을 꺼리고 있던 프랑스가 참전함으로써 전쟁은 10년 이상이나 더 지속되었고 이 마지막 기간 동안 30년 전쟁은 유난히 파괴적인 모습을 띠게 되었다. 이제는 어느 한쪽도 결정적인 승기를 잡지 못한 채 지루한 공방전만이 계속되었고 처음에는 규율이 엄격했던 스웨덴 군을 포함하여 모든 부대에 소속된 용병들이 죄 없는 주민들을 살인, 약탈, 강간하는 잔인하고 야만적인 행동을 서슴지 않게 되었다. 전쟁 기간 동안 벌어진 용병들의 약탈과 잔혹 행위에 대해 독일 바이에른 지방에 있는 조그마한 마을의 구두 수선공이었던 한스 헤베를레(Hans Heberle, 1597~1677)는 다음과 같이 기록하고 있다.

"군인들은 우리를 숲의 들짐승처럼 사냥했다. 하나가 붙잡혀서 두들겨 맞으면 다른 하나는 칼에 찔렸고 심지어는 총에 맞기까지 했다. 한 조각의 작은 빵과 옷가지마저 모두 빼앗긴 채 말이다."

이제 독일은 가톨릭과 개신교 간의 종교적인 갈등이라기보다는 주변 유럽 국가들의 세속적인 이해관계가 폭력적으로 충돌하는 현장이 되어 버렸고 그 가운데에서 수많은 독일인들이 희생당했다. 지역에 따라 차이가 심하기는 하지만 바이에른에서는 인구의 약 50퍼센트가, 팔츠에서는 심지어 70~80퍼센트 정도가 희생된 것으로 추산되고 있다.

오랜 전쟁에 지친 전쟁 당사자들은 1644년 말부터 베스트팔렌 지역의 주교 도시 뮌스터와 개신교 도시 오스나브뤼크에 모여 강화 회담을 진행하기 시작했다. 1648년 10월 24일 두 도시에서 동시에 조인된 베스트팔렌 강화 조약으로 마침내 살육과 파괴로 점철되었던 30년 전쟁은 막을 내렸다. 강화 조약은 각 지역의 제후들이 종교를 결정한다는 아우크스부르크 종교 화의의 기본 원칙을 다시 한 번 재확인했고 칼뱅파에게도 가톨릭, 루터파와 똑같은 합법적인 지위를 부여했기 때문에 독일에서 종교적 통일성을 회복한나는 것은 이제 완전히 불가능한 일이 되고 말았다. 강화 조약을 통해 실질적인 이득을 본 것은 무엇보다도 신성 로마 제국에 인접한 국가들이었다. 프랑스는 알자스[79] 지방을 포함하여 라인 강 서쪽 지역에 확고한 교두보를 확보했고 스웨덴은 발트 해 연안의 북부 독일 지역을 점령했으며 네덜란드와 스위스는 제국으로부터 최종적인 독립을 성취할 수 있었다. 한편, 제국 내의 제후들은 비록 형식적으로는 여전히 황제의 신하로 남아 있기는 했지만 독자적인 외교 체결권과 같은 사실상의 주권을 획득하게 됨으로써 황제의 권력은 더욱 축소되었고 제국의 분열은 돌이킬 수 없이 고착화되었다.

30년 전쟁을 거치면서 고착화된 독일의 종교적 분열 양상은 이후 독일 문화를 특징짓는 중요한 요소의 하나로 남게 된

---

[79] 오늘날 프랑스 동부에 위치한 이 지역은 역사적으로 독일과 프랑스가 번갈아가며 지배했던 지역으로 중심 도시는 스트라스부르이다. 알자스는 로렌 지역과 함께 1871년 독일 통일과 함께 독일령이 되었다가 1차 세계 대전에서 독일이 패전한 후 1919년 다시 프랑스령이 되었고 2차 세계 대전의 와중에서 다시 독일령이 되기도 하는 등 굴곡 많은 역사를 겪었다.

다. 전쟁 말기에는 가톨릭이 북부 독일 지역을, 개신교가 남부 독일 지역을 군사적으로 정복할 수 없다는 것이 분명해졌는데 이러한 남북의 서로 다른 종교적 차이는 오늘날까지도 그 영향력을 발휘하고 있다. 그것은 독일의 지방마다 서로 다른 법정 공휴일과 도시 경관만 살펴보아도 분명히 드러난다. 가톨릭 신자들이 많이 살고 있는 남부 독일 지역에서는 11월 1일을 만성절로 지키고 있고 도시의 중심부에는 '마리아 광장'이라는 이름이 붙여진 것을 흔히 볼 수 있지만, 루터교의 전통이 강한 북부 독일 지역에서는 10월 31일을 종교 개혁 기념일로 기념하고 있고 도심에서 루터 기념 동상을 쉽게 접할 수 있다. 즉 30년 전쟁은 독일의 정치적 분열과 그로 인한 뒤늦은 통일 국가 수립뿐만 아니라 종교적 분열로부터 야기된 각 지역의 문화적 차이 내지는 독자성이 형성되는 데에도 크게 기여했던 것이다.

## 네덜란드 독립 전쟁

16~17세기 네덜란드의 스페인으로부터의 독립 투쟁은 일반적으로는 종교 전쟁의 범주에 포함되지는 않지만 이 독립 전쟁에서도 종교 문제는 대단히 중요한 역할을 수행했다. 당시 네덜란드를 통치하고 있던 스페인의 국왕 펠리페 2세는 가톨릭 수호를 국가 정책의 주요 기조로 삼았던 반면에 네덜란드(특히 북부 지역)의 많은 유력 귀족들과 시민 계층은 일찌감치 칼뱅의 종교 개혁을 수용하여 개신교의 영향력이 나날이 커져 갔다. 참다못한 펠리페 2세는 네덜란드의 개신교인들을 탄압하기 위해 1567년 당대 최고의 군지휘관이었던 알바 공작(Duke of Alba, 1507~1582)을 네덜란드에 총독으로 파견했다. 하지만 알바 공작의 강압적인 통치 정책은 도리어 네덜란드인들의 반발을 불러일으켜 곳곳에서 열혈 칼뱅주의자들이 게릴라전을 벌였고 1570년대 중반에 이르면 각처의 네덜란드인들이 힘을 합쳐 스페인군에 대항하는 정규군을 조직하기에 이르렀다.

가톨릭이 강한 남부 지역(이후의 벨기에)이 도중에 독립 투쟁으로부터 이탈해 스페인의 통치를 수용한 것과는 달리 네덜란드 북부의 일곱 개 주 대표들은 1579년 유트레히트 동맹을 결성하고 네덜란드의 종교적 자유와 스페인으로부터의 완전 독립을 주장하고 나섰다. 네덜란드 인들은 오라녜(Oranje, 영어식으로는 오렌지) 공작 가문을 중심으로 스페인에 끈질기게 저항했고 17세기 초에는 스페인과의 휴전 협정을 통해 사실상의 독립을 획득할 수 있었다. 네덜란드가 유럽 국가들로부터 독립을 공식적으로 인정받게 된 것은 1648년 베스트팔렌 강화 조약을 통해서였다.

맺음말
# 기독교 세계의 분열이 남긴 것은 무엇일까?

우리나라에서는 그것이 천주교든 아니면 개신교이든 기독교는 서양의 종교라는 생각이 널리 퍼져 있다. 사실 이런 생각이 기본적으로 틀린 것은 아니다. 기독교가 서양 문명의 기초를 형성하는데 굉장히 중요한 역할을 했다는 것을 부인하는 사람은 아무도 없을 것이다. 기독교에 대한 기본 이해 없이 서양의 학문이나 미술, 음악을 제대로 파악한다는 것은 아무래도 어불성설인 듯싶다. 우리나라에서도 조선 후기에 서학(西學)을 연구하던 일부 학자들이 천주교를 자발적으로 수용했다는 점은 부인할 수 없지만 기독교가 국내에 수용되고 널리 확산되는 데 결정적인 역할을 했던 사람들은 다름 아닌 서양 선교사와 성직자들이었다.

하지만 오늘날 기독교 안에 서양의 역사적 유산이 아무리 많이 남아 있다 하더라도 기독교가 곧 서양 그 자체인 것은 결코 아니다. 무엇보다도 기독교의 뿌리를 이루고 있는 유대교는 동방 오리엔트 지역에서 출현했다. 유대교가 서양의 기독교뿐만 아니라 중동 지역의 이슬람교가 성립하는 데에도 중요한 역할을 했던 것에서 알 수 있듯이 유대교라는 종교 자체는 본래 서양과 어떤 직접적인 관계를 맺고 있었던 것은 아니었다. 또한 기독교는 탄생 초기부터 끊임없이 자체적인 분열과정을 거쳐 왔고 그 과정 속에서 비록 오늘날에는 소수파로 남아 있는 경우가 대부분이긴 하지만 아시아와 아프리카 지역에서도 일찍부터 여러 기독교 공동체가 형성되었다는 사실을 간과해서는 안 된다.

특히 오랜 전통을 자랑하는 오리엔트 정교회의 성립 과정을 살펴보면 초기 기독교 세계의 분열이 기독교라는 종교의 힘을 약화시켰던 것이 아니라 역설적이게도 오히려 기독교 공동체를 여러 문화권으로 확산시키는 결과를 가져왔음을 알 수 있다. 흔히 우리는 서양 기독교 세계의 분열을 온갖 참혹한 역사적 비극을 초래한 부정적인 진행 과정으로만 이해하기 쉽다. 물론 십자군의 콘스탄티노플 점령과 약탈처럼 서방 라틴 교회와 동방 정교회의 분열 과정에서 벌어진 여러 비극적인 사건들과 16세기 종교 개혁 이후 진행된 가톨릭과 개신교 진영 사이의 피비린내 나는 종교 전쟁을 통해서 우리는 기독교 세계의 분열이 얼마나 많은 사람들의 희생을 초래했는지를 잘 알고 있다.

하지만 다른 한편으로는 인류의 역사에서 한 거대 종교의 종파적 분열은 피할 수 없는 필연적인 현상이라는 생각이 드는 것도 사실이다. 기독교뿐만 아니라 불교, 이슬람교와 같은 세계의 주요 종교들을 살펴보아도 결코 하나의 통일된 조직과 교리로 통합되어 있는 종교는 그 어디에도 존재하지 않는다는 것을 쉽게 알 수 있다. 그리고 근대 초기 유럽 인들이 참혹한 종교 전쟁을 거치면서 남에게 폭력적으로 신앙을 강요하는 것이 얼마나 많은 부작용을 야기하는 일인가를 깨닫게 되었다는 점에서, 서양 기독교 세계의 분열은 비록 항상 그랬던 것도 아니고 그 과정도 대단히 점진적인 것이기는 했지만 종교적 관용의 정신을 터득하게 되는 여건을 제공했다는 점 역시 잊어서는 안 될 것이다.

기독교의 분열은 특정 종파를 수용한 국민들의 자기 정체성을 강화하는 데에도 기여했다. 수 세기 동안 영국의 지배에 맞서 싸운 아일랜드 인들에게 가톨릭 신앙이 정신적 지주로서 중요한 역할을 수행했다면, 스페인의 억압에 맞선 네덜란드 인들의 독립 투쟁에서 개신교(칼뱅주의)는 핵심적인 추진력을 제공했다. 마찬가지로 반(反)가톨릭 정신은 영국과 미국인들의 전통적인 의식 세계 저변에 깔려 있는 중요한 구성 요소였다. 비록 오늘날 미국인의 5분의 1 이상이 가톨릭 교인일 정도로 가톨릭의 교세가 큰 것은 사실이지만, 이민자들의 천국인 미국에서 지금까지 대통령 자리에 올랐던 가톨릭 신자가 존 F. 케네디 단 한 사람뿐이었다는 사실은 결코 우연이라 할 수 없다.

마지막으로 서양 기독교 세계의 분열은 다양한 종교적 예식과 결합되면서 인류에게 풍부한 문화유산을 남겨 주었다. 화가의 경건함이 그대로 배어 있는 러시아의 이콘화(畵), 천장화와 조각들로 내부가 아름답게 장식된 화려한 바로크 양식의 가톨릭교회, 그리고 개신교 예배당에서 울려 퍼지는 바흐의 장엄한 칸타타 작품들이 보여 주는 기독교 예술의 다양성은, 만약 서양의 기독교 세계가 하나로 통합되어 있었더라도 가능할 수 있었을까 하는 의문이 들게 한다. 이런 점에서 서양 기독교 세계가 분열되어 온 역사를 살펴보는 일은 종교적 관용(이것은 결코 이것도 옳고 저것도 옳다는 식의 사고방식을 정당화하는 것이 아니라 남의 신념을 존중할 줄 아는 기본자세를 말하는 것이다.)의 소중함을 깨닫게 해 주는 동시에, 각 지역의 고유한 종교적 정체성을 체현하고 있는 다양한 문화유산의 중요성도 인식할 수 있도록 해 줌으로써 역사를 바라보는 우리의 안목을 보다 풍요롭게 하는 데 기여할 수 있을 것이다.

# 연표

| | |
|---|---|
| **301년경** | 아르메니아가 최초의 기독교 국가가 됨 |
| **313년** | 콘스탄티누스 대제가 밀라노 칙령으로 기독교를 공인함으로써 로마 제국의 기독교인들이 신앙의 자유를 얻음 |
| **325년** | 니케아 공의회가 열림(아리우스파가 이단으로 정죄됨) |
| **330년** | 로마 제국이 콘스탄티노플로 수도를 옮김 |
| **395년** | 동·서로마 제국이 최종적으로 분열됨 |
| **431년** | 에페소스 공의회가 열림(네스토리우스파가 이단으로 정죄됨) |
| **451년** | 칼케돈 공의회가 열림(단성론자들이 이단으로 정죄됨) |
| **476년** | 서로마 제국이 멸망함 |
| **726년** | 비잔티움 제국의 황제 레오 3세가 성화상 금지령을 내림 |
| **867년** | 동·서방 교회가 불가리아 교회의 관할권을 놓고 필리오케 논쟁을 벌임 |
| **988년** | 러시아 키예프 공국의 통치자 블라디미르가 신하들과 함께 동방 정교회로 개종함 |
| **1054년** | 콘스탄티노플 총대주교 케룰라리우스와 교황의 추기경 훔베르트가 서로 상대방을 파문함으로써 동·서방 교회가 분열됨 |
| **1099년** | 1차 십자군이 예루살렘을 정복함 |
| **1204년** | 4차 십자군이 비잔티움 제국의 수도 콘스탄티노플을 함락하고 약탈함 |
| **1378~1417년** | 서방 라틴 교회가 로마 교황과 아비뇽 교황 지지자들로 일시 분열됨 |
| **1415년** | 종교 개혁의 선구자 후스가 콘스탄츠 공의회에서 이단자로 몰려 화형당함 |
| **1453년** | 비잔티움 제국이 오스만 튀르크에 의해 멸망당함 |
| **1517년** | 루터가 독일에서 종교 개혁을 일으킴 |
| **1524~25년** | 독일 농민 전쟁이 일어남. 스위스의 취리히 시가 츠빙글리의 개혁안에 따라 종교 개혁을 시행함 |

| | |
|---|---|
| **1529년** | 신성 로마 제국의 슈파이어에서 제국 의회가 열림('프로테스탄트'라는 말의 유래) |
| **1534년** | 수장법이 공포되어 헨리 8세가 영국 국교회의 수장이 됨 |
| **1534~35년** | 독일 뮌스터에서 재세례파의 반란이 일어남 |
| **1536년** | 칼뱅의 『기독교 강요』가 출간됨 |
| **1540년** | 교황의 승인을 얻어 로욜라의 예수회가 창설됨 |
| **1545~1563년** | 이탈리아 트렌토에서 가톨릭교회의 공의회가 열림(가톨릭 종교 개혁) |
| **1555년** | 아우크스부르크 종교 화의로 지역의 통치자가 종교를 결정한다는 원칙이 확립됨 |
| **1562~1598년** | 프랑스에서 위그노 전쟁이 일어남 |
| **1572년** | 성 바르텔르미 축일의 학살로 파리에서만 최소 3,000명가량의 위그노들이 희생됨 |
| **1598년** | 프랑스 국왕 앙리 4세가 낭트 칙령으로 위그노들에게 종교적 자유를 허락함 |
| **1618~1648년** | 30년 전쟁이 일어남 |
| **1620년** | 영국의 청교도들('필그림 파더스')이 메이플라워 호를 타고 북아메리카에 도착함 |
| **1648년** | 베스트팔렌 강화 조약으로 30년 전쟁이 종결됨. 네덜란드가 스페인으로부터 공식적으로 독립함 |
| **1685년** | 태양왕 루이 14세가 낭트 칙령을 폐지함으로써 프랑스의 위그노들이 다른 국가들로 망명의 길에 나서게 됨 |

## 더 읽어 볼 책들

- 남병두, 『기독교의 교파. 그 형성과 분열의 역사』(2006, 살림).
- 마이클 콜린스·매튜 프라이스, 김승철 옮김, 『사진과 그림으로 보는 기독교 역사』(2001, 시공사).
- 메리 커닝엄, 이종인 옮김, 『비잔틴 제국의 신앙』(2006, 예경).
- C. V. 웨지우드, 남경태 옮김, 『30년 전쟁. 오늘의 유럽을 낳은 최초의 영토 전쟁 1618~1648』(2011, 휴머니스트).
- S. 오즈맹, 박은구 옮김, 『프로테스탄티즘. 혁명의 태동』(2004, 혜안).
- 윌리스턴 워커, 송인설 옮김, 『기독교회사』(1993, 크리스챤다이제스트).
- 칼 하인츠 츠어 뮐렌, 정병식 옮김, 『종교 개혁과 반종교 개혁』(2003, 대한기독교서회).
- 패트릭 콜린슨, 이종인 옮김, 『종교 개혁』(2004, 을유문화사).
- 폴 존슨, 김주한 옮김, 『2천년 동안의 정신 1, 2, 3』(2005, 살림).
- 피터 브라운, 이종경 옮김, 『기독교 세계의 등장』(2004, 새물결).

민음 지식의 정원 서양사편 007

중세·근대 초
# 서양 기독교 세계는 왜 분열되었을까?

1판 1쇄 펴냄 2011년 8월 26일
1판 3쇄 펴냄 2024년 9월 27일

**지은이** | 황대현
**발행인** | 박근섭
**펴낸곳** | ㈜민음인

**출판등록** | 2009. 10. 8 (제2009-000273호)
**주소** | 06027 서울 강남구 도산대로 1길 62 강남출판문화센터 5층
**전화** | 영업부 515-2000 편집부 3446-8774 팩시밀리 515-2007
**홈페이지** | minumin.minumsa.com

도서 파본 등의 이유로 반송이 필요할 경우에는 구매처에서 교환하시고
출판사 교환이 필요할 경우에는 아래 주소로 반송 사유를 적어 도서와 함께 보내주세요.
06027 서울 강남구 도산대로 1길 62 강남출판문화센터 6층 민음인 마케팅부

© 황대현, 2011. Printed in Seoul, Korea

ISBN 978-89-6017-081-0  04900
ISBN 978-89-94210-50-6 (세트)

㈜민음인은 민음사 출판 그룹의 자회사입니다.